本书为湖北省自然科学基金项目"基于人工智能的网络人格研究"(2019CFB425)的研究成果。

高/等/教/育/发/展/丛/书

张妍 刘艳／著

当代青年的自我研究
以90后大学生群体为例

http://www.hustp.com
中国·武汉

图书在版编目(CIP)数据

当代青年的自我研究：以90后大学生群体为例/张妍,刘艳著.—武汉：华中科技大学出版社,2019.11

(高等教育发展丛书)

ISBN 978-7-5680-5831-5

Ⅰ.①当… Ⅱ.①张… ②刘… Ⅲ.①大学生-心理健康-健康教育-研究 Ⅳ.①G444

中国版本图书馆 CIP 数据核字(2019)第 235825 号

当代青年的自我研究：以 90 后大学生群体为例

Dangdai Qingnian de Ziwo Yanjiu：yi 90 Hou Daxuesheng Qunti Wei Li

张 妍 刘 艳 著

策划编辑：陈建安
责任编辑：张利艳
封面设计：刘 卉
责任校对：曾 婷
责任监印：周治超

出版发行：华中科技大学出版社(中国·武汉)   电话：(027)81321913
武汉市东湖新技术开发区华工科技园   邮编：430223

录　　排：武汉楚海文化传播有限公司
印　　刷：武汉科源印刷设计有限公司
开　　本：710mm×1000mm　1/16
印　　张：10.25　插页：2
字　　数：190千字
版　　次：2019年11月第1版第1次印刷
定　　价：48.00元

本书若有印装质量问题,请向出版社营销中心调换
全国免费服务热线：400-6679-118   竭诚为您服务
版权所有　侵权必究

前言

　　进入 21 世纪以来,90 后的成长逐渐引起了社会的广泛关注。大学生在参与社会发展的同时,由于自身心理因素而导致的一些问题屡见不鲜,其中包括焦虑、自卑和自我认同等方面的困惑。当前,家长、老师、学校和心理学家等社会各个层面的力量都在积极研究和探索大学生的心理健康问题,以求帮助大学生健康成长。关于大学生心理方面的探索缺乏系统性、体系化的理论指导,现有的一些研究和报告都停留于对单一问题或单一群体的研究,且缺乏深入的思考。

　　本书围绕大学生自我的系列问题逐步展开,由对自我的探究导入,从自我研究的历史、特点及意义三方面阐明大学生自我研究的基础和背景,全面和深入地揭示了大学生自我认同、情绪管理、自尊等方面的心理特征及相关影响因素,为进一步提升大学生的心理健康水平提供了理论依据和实证支持。同时,本书运用访谈、问卷调查等多种方法,研究了自我认同、自尊、自信与自卑、社交焦虑、情绪管理、羞耻感和主观幸福感等诸多翔实的内容,力求对大学生自我的特征及其影响因素进行深刻的理解和剖析。

　　本书不仅涉及消极情绪问题的解决,还有对积极情感的研究,旨在全面帮助大学生提升自信、自尊和主观幸福感的水平,以及管理好各种情绪的能力。总的来说,本书从理论和实践出发,为研究和解决大学生心理健康问题提供了可靠的依据和建设性方法,为促进大学生心理健康发展及健全人格的形成提供了可借鉴的方法和建议。本书可供从事心理学等领域研究的专业人士学习和参考,也值得对相关领域感兴趣的人士阅读。

contents 目录

第一章 绪论	/1
第一节 自我的相关研究	/1
第二节 自我研究的特点及不足	/4
第三节 自我研究的意义	/5
第二章 大学生自我的研究	/7
第一节 研究源起	/7
第二节 概念界定	/8
第三节 大学生自我概念与心理健康的相关研究	/11
第四节 大学生自我概念与时间管理倾向的相关研究	/14
第五节 大学生自我概念与焦虑、归因方式的关系研究	/22
第六节 大学生自我表露与就业焦虑的关系研究	/30
第七节 大学生自我表露与家庭亲密度的研究	/35
第八节 大学生自我建构与冲动性网络购物的关系研究	/41
第九节 大学生学业自我效能感与成就动机的关系研究	/47
第十节 师范院校大学生创意自我效能感与专业认同、成就动机的关系研究	/55
第十一节 大学生学业自我效能感与考试焦虑的关系研究	/64
第十二节 大学生面孔吸引力与自我价值感：自我效能感的中介作用	/74
第三章 大学生自尊的研究	/80
第一节 引言	/80
第二节 概念界定	/81
第三节 研究目的与意义	/89
第四节 大学生自尊与归因方式、羞耻感的关系研究	/90

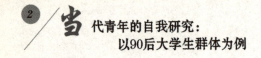

第五节	大学生自尊与主观幸福感、心理健康的关系研究	/102
第六节	大学生自尊与负面评价恐惧的关系研究	/107
第七节	大学生身体自尊与生活满意度的关系研究	/117
第八节	大学生自尊对成人依恋的影响：负面相貌自我的中介作用	/125

第四章　大学生自信与自卑的研究　　　　　　　　　　　　　　　/131
　　第一节　引言　　　　　　　　　　　　　　　　　　　　　　　/131
　　第二节　概念界定　　　　　　　　　　　　　　　　　　　　　/131
　　第三节　研究目的与意义　　　　　　　　　　　　　　　　　　/136
　　第四节　大学生自信与家庭功能的关系研究　　　　　　　　　　/136
　　第五节　大学生自信与成就动机、归因方式的关系研究　　　　　/146
　　第六节　大学生自卑感与自杀态度的关系研究　　　　　　　　　/153

致谢　　　　　　　　　　　　　　　　　　　　　　　　　　　　　/159

第一章 绪 论

二十世纪九十年代,我国改革开放已经显现出明显的成效,信息技术飞速发展,与70后、80后相比,90后诞生的时代背景给他们提供了得天独厚的优势——他们生来便能享受到信息时代的巨大便捷,但同时信息爆炸与个体认知需求之间的矛盾,也让他们面临上一代人所没有遭遇过的困境:一方面是信息技术的高速发展,各种信息铺天盖地而来,真伪并存;另一方面是个体自身的思维和认知的局限性。自身与外界的差距使得他们在自我发展中存在迷茫与困惑,引发他们关于情绪、生活、人际关系等许多方面的烦恼。例如:焦虑、不合适的归因方式引发的低自我效能感,自卑、不和谐的人际关系带来的烦恼,等等。90后这一代人所面临的内外部环境和情况与以往是不同的。因此,关于90后大学生的自我研究应该基于这一代人的实际情况,同时也应该认识到他们与上一代人之间的共同特征,结合已有的理论,发现他们在自我认识与发展中面临的新的问题,并尝试提出有针对性的解决措施。

人的内外发展是一个整体,自我的研究应该把人的发展过程中各个方面的特征和问题当作一个整体来研究,而不是孤立地看待。本书研究了自我与多种行为之间的密切关系,如自我表露与就业焦虑、自我表露与家庭亲密度、自我效能感与考试焦虑、自我效能感与成就动机之间的关系等。自我隐藏于个体内部,复杂而不可见,但是通过研究个体的各种行为,我们也许能够发现许多行为会指向某一个内在特征。

第一节 自我的相关研究

自我概念(self-concept)贯穿于人一生的发展过程之中,尤其在从儿童到成人这一阶段,对人的发展有着不可忽视的重要作用。在西方心理学中,"自我"是一个受到广泛重视的研究课题。实用主义心理学派、精神分析学派,以及被称为心理学第三势力的人本主义心理学派,都对自我的研究做出了重要贡献。

一、自我的定义及形式

自我即自我意识,是个人对自己的自觉因素,是一种多因子、多层次的心理现象,是人格系统的重要组成部分。从心理形式上看,自我意识表现为认知的、情绪的和意志的三种形式。

其中,自我观察、自我概念和自我评价等统称为自我意识;自尊、自卑、自我感受、责任感和优越感等统称为自我体验;自制、自信、自强和自律等统称为自我控制。这三个方面相互联系、相互影响。[①]

二、实用主义心理学派的观点

威廉·詹姆斯(William James)在《心理学原理》这本著作中阐述了心理学的研究对象,内省法、实验法和比较法三大心理学研究方法,以及记忆理论、情绪理论和自我理论等重要的心理学理论。他把自我划分为经验的自我和纯粹的自我两个方面。

"经验的自我"是指"一切一个人要呼之为'我'或'我的'的东西的总和[②]",其成分有三种:物质的自我、社群的自我、精神的自我。"纯粹的自我"指的是"一个人知晓一切的那个东西,也可以称之为能动自我或主动自我[③]"。

美国心理学家乔治·赫伯特·米德(George Herbert Mead)也提出了主我和客我的概念。他把自我的形成概括为三个阶段,在个体学会按照一般的非人格角色来控制自己的行为时,自我的发展就进入了最后阶段。[④]

三、精神分析学派的观点

与詹姆斯不同,精神分析学派的代表人物西格蒙德·弗洛伊德(Sigmund Freud)区分了自我与本我、自我与超我两个层面,发展了精神分析的自我心理学思想。弗洛伊德指出:"自我首先是一个身体的自我,它不仅是一个表面的实体,而且是一种表面的投射。"从本我层面出发,自我就是本我的那一部分,即通过意识的媒介已被外部世界的直接影响所改变的那一部分。从一定意义上说,它是表面分化的一种扩展。[⑤]然而,社会中的人必然要超越本我,达到自我实现的境界。

弗洛伊德把这个自我内部的分化阶段,称之为"自我理想"或"超我"。他

---

①③ 邓兆巍.大学生自我概念与社会适应的相关研究[D].南京:南京师范大学,2006.
② 叶浩生.西方心理学的历史与体系[M].北京:人民教育出版社,1998:139-141.
④⑤ 杨韶刚.人本主义心理学与教育[M].哈尔滨:黑龙江教育出版社,2003:157.

从本我和超我两个层面对自我进行了阐述。后来弗洛伊德的女儿安娜·弗洛伊德继承和发展了弗洛伊德的自我心理学思想。她更加重视自我的作用,反对本我对心理活动具有绝对支配作用。①

埃里克森提出了著名的人格的社会心理发展理论,赋予自我很多特性,如希望、信任、独立性、意志、自主性及同一性等。他把人格发展划分为八个阶段,前五个阶段与弗洛伊德的划分是一致的,后三个阶段是他独自阐述的:基本信任对基本不信任(0—1岁),自主性对羞怯和疑虑(1—3岁),主动性对内疚(3—6岁),勤奋对自卑(6—12岁),角色同一性对角色混乱(12—18岁),亲密对孤独(18—25岁),繁殖对停滞(25—50岁),自我整合对失望(50岁以后)。人格发展的每个阶段都由一对冲突或两极对立的矛盾所组成,并形成一种危机。危机的积极解决会增强自我的力量,会使人格得到健全发展,从而有利于个体对环境的适应。②

四、人本主义心理学派的自我研究

人本主义心理学被称为西方心理学的第三势力,其代表人物是亚伯拉罕·马斯洛(Abraham Maslow)、卡尔·兰桑·罗杰斯(Carl Ransom Rogers)等。③

1. 马斯洛的需要层次理论

马斯洛指出,自我实现的需要是指实现个人理想、抱负,充分发挥个人的潜能,成为所期望的人物的倾向。在《动机与人格》一书中,他将人的需要分为三大类别:意动需要、认知需要和审美需要。他把意动需要由低级到高级分为五个不同层次:生理需要、安全需要、归属和爱的需要、尊重的需要、自我实现的需要。自我实现是人格发展的最高动力,是完满人性的实现。人在基本需要(低级需要)得到满足后,必然会产生更高层次的需要,而最高层次的需要就是自我实现。

马斯洛的需要层次理论从人的需要的多样性出发,从低级到高级把人的需要整合成一种层次结构,并上升到对最高层次的需要——自我实现需要的阐述,深化了对自我的研究,丰富了自我心理学的内容。④

2. 罗杰斯人格理论中的自我概念

罗杰斯是美国人本主义心理学派的重要代表人物。自我概念是罗杰斯人格理论中的一个核心概念。罗杰斯认为,人的自我概念首先是对自己一般特

---

①②④ 杨韶刚.人本主义心理学与教育[M].哈尔滨:黑龙江教育出版社,2003:157.
③ 邓兆巍.大学生自我概念与社会适应的相关研究[D].南京:南京师范大学,2006.

点的觉知和对自己的了解与看法。他认为有两种自我概念：一种是真实的自我，是现实中的自我形象；另一种是理想的自我，是个人期望中的自我形象。

因此，概括地说，自我是对"我"的特点的觉知，是对与"我"有关的人和事物的觉知的总和；自我是一个有组织的稳定结构，它能吸收和同化其他经验，但仍保持其"基本的概念格式塔"性质不变；自我作为一种整体的经验模型，主要是指有意识的或可以进入意识的东西。[①]

罗杰斯在心理咨询领域和教育研究领域都十分重视人的自我。在心理治疗中，他指出治疗者应把人的价值和意义放在首位，充分考虑来访者的心理需求、自尊和人格，充分调动来访者的主观能动性，通过平和的交谈发掘来访者的潜能，增强其自尊感。心理治疗的目标是促进人格的改变。在教育上，他强调以学生为中心。罗杰斯的观点深化和丰富了人本主义的心理学思想，也为人本主义教育的流行起到了积极的推动作用。

第二节　自我研究的特点及不足

一、自我研究的特点

1. 研究内容趋于具体

心理学研究者们对自我概念进行了大量研究。总体看来，这些研究可以归纳为三个方面：自我概念的发展规律研究、自我概念的理论模型和结构研究、一般自我概念应用性研究。[②]

2. 基于行为方式研究自我

本书中的研究对象是90后在校大学生，研究方法以量表法为主。由于自我是不可以直接观测的，本书通过研究个体本质的、一般的、典型的行为方式来探究其自我特征，并用统计学方法对数据进行分析，从而得出相应的结论。

二、研究的不足之处

我们不得不承认我国对自我的研究存在以下不足。一是起步较晚，研究成果不多。我国在二十世纪七八十年代才开始开展自我的研究，而且前期多集中于对自我意识的探讨。关于大学生自我价值感特点的研究极少，仅杨雄、黄希庭对此进行了初步的研究。二是研究方法单一。研究方法大多局限于量

---

①② 邓兆巍.大学生自我概念与社会适应的相关研究[D].南京:南京师范大学,2006.

表法，且自编的量表相对较少。三是研究体系不健全。我国已有的有关自我的研究还不够深入、系统，还有许多问题有待进一步研究。四是创新不足，研究范围狭窄。我国目前对自我的研究还有许多领域尚未涉足，而国外对自我的研究已涉及一些较新的领域，如自我肯定（self-affirmation）、自我实现的预言（self-fulfilling prophecy）、自我决定（self-determination）等，且大多研究已达到较深的程度①。

第三节　自我研究的意义

自我是心理学研究的重要部分，也是社会心理学研究的重要部分。

本书分为三个部分：自我、自尊、自信与自卑。其中，第二章探讨了大学生自我与时间管理倾向、人际交往、就业焦虑等方面的关系；第三章阐述了归因方式、主观幸福感、负面评价恐惧等与大学生自尊的关系；第四章研究了大学生的自信与自卑，既分析了大学生自信与家庭功能、成就动机、归因方式的关系，也探讨了大学生自卑感与自杀态度的关系。

一、帮助 90 后完善自我

目前，90 后正处于成年期，这一时期也是人生观、世界观形成并逐渐稳定的关键时期。他们刚刚摆脱了学生时期的稚气，却又面临着职业的选择和社会的挑战。在这一时期，社会、学校和家庭更应关注并培养 90 后形成正确的自我概念、积极健康的人生观、互助和谐的人际关系、持久的学习动机和有效的学习方法。② 因为 90 后这一群体具有特殊性，所以培养正确的自我概念对于他们一生的发展具有重要意义。90 后逐渐成为社会主体，了解和研究他们在这个阶段的身心发展特点，能为他们更快地进入社会、适应社会提供一定的帮助。

二、为相关领域提供指导

在现代生活与工作中，心理健康越来越为人们所重视。了解 90 后大学生的自我发展特点，对于人才培养、企业管理等有着积极的指导作用。

---

① 杨秀君，任国华.近 20 年来中国的自我研究回顾[J].宁波大学学报（教育科学版），2003，25(1)：5-9.
② 邓兆巍.大学生自我概念与社会适应的相关研究[D].南京：南京师范大学，2006.

从自我层面对90后大学生的心理规律进行探索,其揭示的心理学规律不仅丰富了心理学的一般理论,而且为其他领域的发展做出了贡献。如本书中的"大学生自我表露与就业焦虑的关系研究",揭露了性别对90后大学毕业生自我表露和就业焦虑状况的影响,男性的就业焦虑程度显著高于女性,女性的自我表露水平显著高于男性,这些特点能够为企业人才招聘和管理提供指导。又如本书中的"大学生自我建构与冲动性网络购物的关系研究",重点研究了大学生自我建构类型对冲动性网络购物的影响,拓展了自我建构理论,丰富了消费者行为学中有关中国消费者冲动性购买行为的内容;同时,为企业针对大学生群体开展电子商务营销提供了一些参考意见。

三、促进社会的稳定与发展

当今世界,科学技术迅猛发展,国际竞争日趋激烈,各国在致力于经济发展的同时,日益把竞争的焦点放在对人才的竞争上。

培养高素质的劳动者的目标,必然是使受教育者在具有扎实的专业技能之外,还具有良好的社会适应能力和健康的心理素质。[①]

90后大学生逐渐成为社会发展的主力军,关注其对自我的认识,对于促进社会稳定与发展有着重要意义。

---

① 邓兆巍.大学生自我概念与社会适应的相关研究[D].南京:南京师范大学,2006.

第二章 大学生自我的研究

第一节 研究源起

几千年前古希腊的阿波罗太阳神殿里的一块石碑上刻着"认识你自己",伟大的哲学家苏格拉底将其作为自己哲学原则的宣言。苏格拉底认为,认识自己就是认识心灵的内在原则,亦即认识德行。这里的"德行"原指事物的特性、品格、特长、功能,具体到人就是"人的本性"。"善"是自然万物的内在原因和目的,具体到人身上,就是"德行"。苏格拉底认为,人并不是生来就符合人的本性,只有在理性指导下才能认识自己的德行。也就是说,未经理性审慎的生活是没有价值的,一个人只有真正认识了自己,才能实现自己的本性,完成自己的使命,成为一个有德行的人。由此,认识自我的重要性可见一斑。

和哲学家们一样,心理学家们也一直关注自我。自我一直是心理学研究的核心问题。詹姆斯最早开始研究自我,并将自我分为主体我(I)和客体我(me)。"主体我"是一个代理者、行动者、心理功能的执行者。"主体我"作为执行者,有一定的功能,如控制冲动、计划未来、监控并评价自己的进步、控制自我表现的方式。"客体我"作为被观察和感知的对象,是自我知识的总和,是自我概念产生的基础。[①] 如果把自我作为知觉对象来研究,那么自我也可以被称为自我概念。

自我概念是个体通过自身经验与环境的交互作用而建立起来的一种自我觉知,它作为一种假设的结构而被用来解释和预测个体的行为。詹姆斯认为自我具有层次性,并将自我概念分为四个子概念,即身体的、社会的、精神的自我概念和纯自我概念,其中身体自我被认为是自我的基础。[②] 身体自我作为自我意识中最早萌发的部分,是指个体对自己身体的认知和评价,涉及个体对自

[①] JAMES W. Psychology:The Briefer Course[M]. New York:Henry Holt,1892.
[②] JAMES W. The Principles of Psychology[M]. New York:Henry Holt,1890.

己的相貌、体格、体能等的看法和评价①;同时,还包括对理想身体美的认识及由此派生出的对自己身体的满意度和采取的相应管理调节措施②。身体自我是多因子、多层次的,随着年龄的增长而显示出不同的特点。它不是一个自然人的个体对其身体的认识,而是一个社会人的个体对其身体的认知和评价,深受整个社会文化的支配和重要他人评价的影响。

迄今为止,沙沃森(Shavelson)等人提出的多因子自我概念模型被认为是最具代表性的。他将自我概念分为学业自我概念和非学业自我概念,其中非学业自我概念又可以被分为社会的自我概念、情绪的自我概念、身体的自我概念三部分,而且每部分还可以再分。他认为身体自我概念由身体能力和相貌组成。社会心理学家更强调自我的社会特性,认为自我仅仅是多个社会角色的综合,是对我们所生活的日益多样化的社会的反映。从这个角度也揭示出社会评价对自我研究的影响,尤其是在身体自我领域,毕竟人不仅仅是一个生物体,还会通过外表、健康、体能、衣着等传递社会信息。对自我的了解,加深了我们对身体自我的认识。

第二节 概念界定

一、自我

在詹姆斯看来,自我是一个人所有经验的中心和精神生活的中心。1951年,罗杰斯提出了自我概念理论,并将自我分为现实自我(the self)与理想自我(the ideal self)。③ 1977年,黑泽尔·罗斯·马库斯(Hazel Rose Markus)提出了自我图式(self-schemata)理论④,认为自我图式是关于自我认知的类化,它来自过去的经验,并能组织、引导与自我有关信息的加工过程。心理学家们通常将主体的我与客体的我统称为自我,并认为每个人的行为表现、身心健康、人际关系和发展状况都受到自我的制约。

---

① 曾向,黄希庭.国外关于身体自我的研究[J].心理学动态,2001,9(1):41-46.
② 陈红.青少年身体自我的理论与实证研究[D].重庆:西南师范大学,2003.
③ ROGERS C R. Client-centered Therapy[M]. Boston:Houghton Mifflin,1951.
④ MARKUS H R. Self-schemata and Processing Information about the Self[J]. Journal of Personality and Social Psychology,1977,35(2):63-78.

二、自我概念

不同的学者对自我概念有不同的界定。彼得罗夫斯基等认为自我概念是个体关于自己本身的一个相对稳定的被意识到的、被体验到的独特的表象系统和对待自己的态度。① 我国学者林崇德也提出了自我概念的定义:自我概念是个人心目中对自己的印象,包括对自身存在的认识,以及对个人身体、能力、性格、态度、思想等方面的认识,是由一系列态度、信念和价值标准所构成的有组织的认知结构,它把一个人的各种特殊习惯、能力、观念、思想和情感组织联系在一起,贯穿于经验和行为的一切方面。简单地说,自我概念就是个体对自己的知觉和评价。

三、自我建构

马库斯等基于文化差异在个体层面的影响,首先提出了自我建构(self-construal)的概念。自我建构是指个体在认识自我时,会将自我放在何种参照体系中进行认知的一种倾向。人们或是将自我看作与他人相分离的独立实体,或是将自我看作社会关系网络中的一部分。个体在定义自我时的不同角度,带来了人与人在认知风格、社会交往、个人自主等方面的差异。② 不同文化背景下,人们在看待自我与他人的关系上,有着根本不同的视角。西方人强调自我与他人的差异,东方人强调自我与他人的联系。马库斯由此区分了两种不同的自我建构类型:在西方个人主义文化中具有典型性的独立型自我建构(independent self-construal)和在东方集体主义文化中具有典型性的依存型自我建构(interdependent self-construal)。③

四、自我和谐

罗杰斯提出,自我和谐是指自我内部的协调一致,以及自我与经验之间的协调。④ 自我与经验之间的协调是指个体对自我的观点、看法与其实际行动是和谐、一致和协调的,这种和谐与协调具体表现在个体能够将理想自我与现实

---

① A·B.彼得罗夫斯基,M·T.雅罗舍夫斯基.心理学辞典[M].赵璧如,等译.北京:东方出版社,1997:1527.
② MARKUS H R, KITAYAMA S. Culture and the Self: Implications for Cognition, Emotion, and Motivation[J]. Psychological Review, 1991, 98(2):224-253.
③ 刘艳,邹泓.自我建构理论的发展与评价[J].心理科学,2007,30(5):1272-1275.
④ 李晓芳,王静丽,朱晓斌.研究生人际关系困扰与自我和谐的关系研究[J].心理研究,2009,2(5):87-90.

自我有机地统一起来,从而更好地接纳自我和发展自我。埃里克森提出了"自我同一性"的理论,认为个体的发展过程就是个体不断使自我适应社会的过程。[①]

五、自我表露

自我表露(self-disclosure)是社会心理学、临床心理学、人际关系学等领域重要的研究主题,由人本主义心理学家朱拉德(Jourard)于1958年提出。他认为自我表露是指个体与他人交往时,自愿地在他人面前将自己内心的感觉和信息真实地表现出来的过程。[②] 科兹比(Cozby)认为,可以将自我表露定义为A向B在口头交流中传达任何关于自我的信息。[③] 因此,本书将自我表露界定为个体与他人交往时,自愿地在他人面前将自己内心的感觉和信息真实地表现出来的过程。这一概念强调了存在交往的双方的关系,如日常关系、心理咨询中的咨访关系等,体现了个体表达自身感受和信息的主观意愿,同时强调了表达的内容是真实的。

六、自我效能感

自我效能感是阿尔伯特·班杜拉(Albert Bandura)在1977年提出的概念。他将自我效能感定义为人们对自身完成既定行为目标所需的行动过程的组织能力和执行能力的判断。自我效能感也是一个成长中的概念。对于自我效能感的界定,研究者们可以从自我效能感的形成过程或表现形式进行界定,也可以从自我效能感的对象和范围进行界定。但其核心思想是对自己能力的自我评价问题,属于自我意识的一个重要内容,是自我意识在情感上的一种表现。因此,自我效能感是指个体在特定情境中对自己的某种行为能力的自信程度。简单来说,自我效能感就是个体在完成某种行为时,对自己达成目标抱有多大的信心。

---

① 邹娟.大学生人际信任状况及其相关因素研究[D].郑州:郑州大学,2007.
② 卞素芹,刘丽梅,刘洪庄.中外"自我表露"研究现状概述[J].石家庄学院学报,2010(6):125-128.
③ COZBY P C. Self-disclosure: A Literature Review[J]. Psychological Bulletin, 1973, 79(2):73-91.

第三节　大学生自我概念与心理健康的相关研究

国内外的研究结果大都表明，自我概念在调节心理健康方面有着重要意义，客观的自我评价、积极的自我悦纳和健康的自我形象是心理健康的重要标志。综合已有研究结果发现，影响大学生心理健康的因素可分为客观因素和主观因素两大类。客观因素包括家庭环境、家庭教育、学校的学习、人际关系及社会区域文化等；主观因素包括人格特征、情绪和意志力等。客观因素是否会对个体产生影响、会产生何种影响，取决于个体的主观因素。心理学家认为，自我概念是个体关于自己的特长、能力、外表和社会接受性等方面的态度、情感和知识的自我知觉，即个体把自己当成像其他事物一样的客观对象所产生的知觉。

本研究通过调查师范院校在校大学生的心理健康水平，了解当前师范院校大学生的心理健康状况，同时着重考查师范院校大学生自我概念水平和心理健康水平之间的关系，并且假设自我概念在不同性别之间有差异。

一、对象与工具

(一)对象

本研究随机抽取四川省某师范院校 200 名在校大学生、青海省某师范院校 100 名在校大学生，共计 300 名被试，有效被试 246 名，其中男生 99 名，女生 147 名。

(二)工具

1. 田纳西自我概念量表

采用美国田纳西州心理学家菲茨（Fitts）编制的田纳西自我概念量表（Tennessee Self-Concept Scale，TSCS）对大学生的自我概念进行测量。该量表共 70 道题目，包含自我概念的两个维度和综合状况维度共 10 个因子，分别为：自我认同、自我满意、自我行动、生理自我、道德自我、心理自我、家庭自我、社会自我、自我概念总分与自我批评。前 9 个因子得分越高表明自我概念越积极，而自我批评得分越高则表明自我概念越消极。

2. 症状自评量表

症状自评量表（Symptom Checklist 90，SCL-90）用来检测大学生的心理健康状况,包括9个症状因子,共90道题目,每道题采用5级评分法,症状从无到严重分别评为1、2、3、4、5分,得分越高,表明症状越明显。测评时,以班为单位,按统一指导语进行集体测评并收回问卷。

二、结果

(一)师范院校大学生心理健康状况

由表2-3-1可知,师范院校大学生的心理健康状况不容乐观,有11.90%~34.20%的学生在SCL-90上的得分高于全国常模,特别是在强迫、焦虑和偏执三个因子上。这说明师范院校大学生在这三个方面的心理问题较为突出。

表2-3-1 师范院校大学生心理健康状况

	躯体化	强迫	人际关系	抑郁	焦虑	敌对	偏执	恐怖	精神病性
异常人数	29	82	52	55	84	47	65	53	63
百分比	11.90	33.50	21.30	22.50	34.20	18.90	26.30	21.60	25.50

(二)不同性别的师范院校大学生自我概念水平比较

由表2-3-2可以看出,男生除了道德自我和家庭自我因子的得分稍低于女生,其他因子的得分均高于女生。其中,男女生在生理自我差异极显著,在自我满意、自我行动因子上差异显著。总体来说,男生的自我概念水平显著高于女生。

表2-3-2 不同性别的师范院校大学生自我概念水平比较

自我概念	男($N=99$)	女($N=147$)	t
生理自我	67.58±7.75	53.25±7.11	4.16***
道德自我	52.18±6.39	52.34±6.82	−0.24
心理自我	45.20±6.35	44.69±7.72	1.53
家庭自我	49.33±6.56	50.03±7.50	1.18
社会自我	44.94±7.79	43.63±8.29	1.16
自我批评	35.64±7.37	34.48±6.45	1.22
自我认同	97.02±10.17	91.24±12.43	1.72

续表

自我概念	男($N=99$)	女($N=147$)	t
自我满意	94.34±9.87	90.36±12.53	2.51*
自我行动	89.31±8.91	85.19±12.66	2.06*
自我概念总分	282.74±28.15	271.22±32.69	2.04*

注:"*"表示 $P<0.05$,"***"表示 $P<0.001$。下同。

(三)师范院校大学生自我概念各因子与心理健康各因子的相关分析

由表 2-3-3 可知,TSCS 的 8 个正向因子与 SCL-90 的各因子都呈显著负相关;负向因子自我批评与 SCL-90 的各因子都呈显著正相关。这说明师范院校大学生的自我概念水平与心理健康状况关系密切。

表 2-3-3 师范院校大学生自我概念各因子与心理健康各因子的相关分析

SCL-90各因子	生理自我	道德自我	心理自我	家庭自我	社会自我	自我认同	自我满意	自我行动	自我批评
躯体化	-0.24**	-0.22**	-0.24**	-0.27**	-0.30**	-0.33**	-0.32**	-0.23**	0.16**
强迫	-0.28**	-0.44**	-0.38**	-0.47**	-0.36**	-0.49**	-0.33**	-0.23**	0.29**
人际关系	-0.39**	-0.44**	-0.53**	-0.46**	-0.37**	-0.41**	-0.31**	-0.21**	0.27**
抑郁	-0.37**	-0.35**	-0.55**	-0.41**	-0.32**	-0.37**	-0.38**	-0.28**	0.32**
焦虑	-0.52**	-0.47**	-0.53**	-0.48**	-0.25**	-0.54**	-0.35**	-0.33**	0.23**
敌对	-0.39**	-0.45**	-0.69**	-0.41**	-0.27**	-0.55**	-0.20**	-0.40**	0.42**
偏执	-0.38**	-0.33**	-0.66**	-0.45**	-0.31**	-0.43**	-0.31**	-0.29**	0.16**
恐怖	-0.26**	-0.36**	-0.40**	-0.46**	-0.33**	-047**	-0.28**	-0.23**	0.25**
精神病性	-0.32**	-0.54**	-0.48**	-0.56**	-0.38**	-0.56**	-0.35**	-0.27**	0.28**

三、讨论

从本研究结果来看,师范院校大学生的心理健康水平不容乐观,最突出的心理健康问题是偏执、焦虑、强迫。这些都与大学生自我概念的发展存在密切关系,应该受到学校和社会的重视。

本研究结果表明：师范院校男生与女生的自我概念水平存在差异，除道德自我和家庭自我外，男生在自我概念各因子上的得分均高于女生。这与以往的研究结果比较一致。杨雄、黄希庭的调查也发现男生个人取向的自我价值感显著高于女生，女生社会取向的道德价值感则高于男生。[①] 男女生之间存在的最大差异是生理自我，可能是因为男女生生理发育期不同，男生更能坦然地面对生理方面的各种变化，并且师范院校里女生多、男生少的情况让男生在生理上的优越感更加强烈，因而男生更趋向于积极地评价自己的身体状况。男生的自我概念水平显著高于女生，是因为大学生在社会化的过程中也进行着角色认同的过程：男生期望自己大胆勇敢、自信自强、能够保护女生等；而女生期望自己温柔、漂亮，在一定情况下扮演弱者，能够得到男生的保护。

本研究结果显示，师范院校大学生的自我概念水平与心理健康状况显著相关，这与以往的研究结果一致。[②] 其中，生理自我、道德自我、心理自我、家庭自我、社会自我、自我认同、自我满意、自我行动都与 SCL-90 的各因子呈显著负相关。这表明个体对自身心理活动的认识与评价、对家庭的认可与接纳程度、对自身拥有的社会关系的认识与评价、对自身现状的认识、对现实自我满意与认可的程度、对个体的意志品质和自控能力的态度都是影响师范院校大学生心理健康状况的重要因素。自我概念消极的学生则往往低估自己、责备自己，从而陷入焦虑、抑郁、无望和痛苦之中。消极的自我概念不仅影响心理健康，甚至还会影响个体的前途。而自我概念积极的大学生往往对事物的看法比较乐观，容易激发上进心，能做到化压力为动力，控制各种不良情绪，保持健康的心态。

第四节　大学生自我概念与时间管理倾向的相关研究

个体在时间上的人格差异，称为时间人格（time-personality）。[③] 时间管理倾向作为一种人格特征，与自我评价有一定程度的相关。对国内外相关研究分析后发现，有关时间管理倾向的研究多集中在探讨时间管理倾向与学业成绩、自我价值感、主观幸福感、生活质量、心理健康等的关系，而将时间管理倾

---

① 杨雄,黄希庭.青少年学生自我价值感特点的初步研究[J].心理科学,1999,22(6):484-487.
② 樊富珉,付吉元.大学生自我概念与心理健康的相关研究[J].中国心理卫生杂志,2001,15(2):76-77.
③ 黄希庭,张志杰,凤四海,等.时间心理学的新探索[J].心理科学,2005,28(6):1284-1287.

第二章 大学生自我的研究

向与自我概念结合的研究则少之又少。本研究旨在探讨时间管理倾向与自我概念的关系，以期为时间与人格心理学研究提供借鉴。

一、对象与工具

(一)对象

以国内某三所高校的 236 名大学生为被试。

(二)工具

1. 青少年时间管理倾向量表

黄希庭等人提出了时间管理倾向的三维理论模型。该模型将时间管理倾向划分为时间价值感、时间监控观和时间效能感三个因子，并在此基础上编制了青少年时间管理倾向量表(Adolescent Time Management Disposition Scale, ATMDS)。该量表各因子的内部一致性信度在 0.62～0.81 之间，重测信度在 0.71～0.85 之间，采用 5 级评分法，从"完全不符合"到"完全符合"分别评定为 1、2、3、4、5 分，所有题目的得分相加所得的总分反映青少年的时间管理倾向。

2. 田纳西自我概念量表

具体介绍见第二章第三节。

二、结果

(一)不同群体的大学生在时间管理倾向及自我概念各因子上的得分比较

236 名大学生在时间管理倾向、自我概念各因子上的得分及各因子的得分比较分别见表 2-4-1 和表 2-4-2。

表 2-4-1　不同群体的大学生在时间管理倾向及自我概念各因子上的得分（M±SD）

	性别		年级				学科类别			总体样本
	男	女	大一	大二	大三	大四	文科	理工科	艺体	
样本数	120	116	54	64	63	55	92	87	57	236
时间价值感	36.57±5.72	36.62±5.39	36.72±5.57	36.99±5.48	35.81±5.84	36.88±5.31	35.93±5.66	37.50±5.19	36.28±5.78	36.59±5.55
时间监控观	77.75±11.10	78.63±10.95	76.49±9.96	79.56±11.00	78.70±11.79	77.65±11.14	78.80±12.15	80.30±10.77	73.96±8.07	78.18±11.01
时间效能感	34.86±4.92	35.99±4.22	35.02±4.81	35.89±4.28	35.52±5.03	35.13±4.36	35.83±5.13	35.98±3.98	33.87±4.36	35.41±4.61
时间管理倾向总分	149.17±18.60	151.24±17.26	148.23±16.55	152.45±18.26	150.03±19.25	149.66±17.55	150.55±20.36	153.78±16.48	144.12±14.25	150.19±17.95
生理自我	43.49±5.24	44.28±5.02	43.68±5.36	44.75±5.28	43.19±5.26	43.85±4.58	43.74±5.24	44.31±4.14	43.44±6.28	43.88±5.14
道德自我	46.05±5.53	49.16±7.25	47.46±5.35	48.33±5.65	46.83±5.55	47.67±9.37	47.93±5.78	47.86±7.75	46.58±5.93	47.58±6.60
心理自我	41.65±5.03	42.31±5.16	41.89±5.68	42.18±4.69	41.39±5.12	42.50±5.00	41.86±5.31	42.04±4.73	42.07±5.35	41.98±5.09

续表

	性别		年级				学科类别			总体样本
	男	女	大一	大二	大三	大四	文科	理工科	艺体	
家庭自我	49.43±7.58	51.25±6.20	50.92±5.88	51.08±6.51	49.26±8.47	50.08±6.64	50.15±6.99	51.23±6.70	49.22±7.32	50.33±6.98
社会自我	43.43±6.13	44.48±6.54	44.09±5.88	44.62±6.27	42.96±6.26	44.18±6.98	44.68±6.86	43.34±5.88	43.69±6.15	43.95±6.34
自我认同	32.99±5.35	33.29±5.62	32.94±5.21	32.33±4.95	34.27±5.15	32.98±6.51	33.98±5.44	32.72±5.13	32.42±5.95	33.14±5.47
自我批评	92.98±10.04	96.85±11.34	95.60±10.32	96.63±8.92	92.46±11.47	94.92±12.38	95.17±11.68	95.53±9.60	93.44±11.32	94.88±10.85
自我满意	82.94±8.14	82.71±6.38	82.47±7.22	82.96±6.72	82.28±8.57	83.64±6.60	83.13±7.88	83.11±7.02	81.91±6.84	82.83±7.31
自我行动	81.13±9.54	85.22±8.74	82.91±7.89	83.71±9.43	83.16±10.02	82.68±10.03	84.04±10.43	82.87±8.26	82.08±9.14	83.14±9.36
自我概念总分	257.05±24.27	264.78±21.68	260.98±22.00	263.30±20.82	257.90±25.97	261.24±24.32	262.34±25.68	261.52±19.78	257.42±24.32	260.85±23.31

表 2-4-2　不同群体的大学生在时间管理倾向及自我概念各因子上的得分比较

	性别		年级		学科类别	
	t	P	F	P	F	P
时间价值感	−0.07	0.57	0.59	0.62	1.92	0.15
时间监控观	−0.62	0.33	0.85	0.47	6.20***	0.00
时间效能感	−1.89	0.15	0.44	0.73	4.34**	0.01
时间管理倾向总分	−0.88	0.19	0.57	0.64	5.21***	0.00
生理自我	−1.18	0.47	1.02	0.38	0.55	0.58
道德自我	−3.72	0.95	0.55	0.65	0.86	0.42
心理自我	−0.99	0.90	0.51	0.68	0.04	0.96
家庭自我	−2.02	0.16	0.89	0.45	1.48	0.23
社会自我	−1.28	0.64	0.77	0.51	1.48	0.35
自我批评	−0.42	0.58	1.40	0.24	1.85	0.16
自我认同	−2.78	0.79	1.69	0.17	0.69	0.50
自我满意	0.24	0.04	0.39	0.76	0.59	0.55
自我行动	−3.44	0.42	0.13	0.94	0.83	0.44
自我概念总分	−2.58	0.16	0.58	0.63	0.84	0.43

分析表 2-4-1 和表 2-4-2 可知，从性别上来看，男生在时间价值感、时间监控观、时间效能感三个因子上的平均得分均低于女生，但无显著差异；男生在生理自我、道德自我、心理自我、家庭自我、社会自我、自我批评、自我认同、自我行动、自我概念总分上的平均得分均低于女生，但无显著差异；男生在自我满意方面的平均得分高于女生，但无显著差异。从年级上来看，大二学生在时间价值感、时间监控观、时间效能感及时间管理倾向总分上的平均得分均高于其他三个年级的学生，但各年级之间无显著差异；自我概念各因子的平均得分在各年级之间均无显著差异。从学科类别上来看，理工科学生、文科学生、艺体学生在时间监控观、时间效能感及时间管理倾向总分上的平均得分均存在显著差异，但在自我概念各因子上的平均得分均无显著差异。对大学生时间监控观和时间效能感在学科类别上的具体差异进行事后多重比较，结果如表 2-4-3 和表 2-4-4 所示。

第二章　大学生自我的研究

表 2-4-3　大学生时间监控观在学科类别上的差异的事后多重比较

	文科	理工科	艺体
文科	78.80		
理工科	80.30	80.30	
艺体	73.96**	73.96***	73.96

表 2-4-4　大学生时间效能感在学科类别上的差异的事后多重比较

	文科	理工科	艺体
文科	35.83		
理工科	35.98	35.98	
艺体	33.87*	33.87**	33.87

由表 2-4-3 和表 2-4-4 分析得出,从学科类别来看,理工科学生在时间监控观、时间效能感上的平均得分高于文科学生与艺体学生,文科学生的平均得分高于艺体学生,艺体学生的平均得分最低。艺体学生在时间监控观、时间效能感上与理工科及文科学生之间均存在显著差异。

(二)大学生时间管理倾向各因子与自我概念各因子的相关分析

由表 2-4-5 可知,除了自我批评之外,文科、理工科学生的自我概念的其他因子与时间管理倾向的各因子之间均存在显著正相关,文科、理工科学生的自我概念总分与时间管理倾向总分之间存在显著正相关。这说明文科、理工科学生的时间管理倾向与自我概念之间有着密切的联系。

表 2-4-5　文科、理工科学生时间管理倾向各因子与自我概念各因子的相关分析

	生理自我	道德自我	心理自我	家庭自我	社会自我	自我批评	自我认同	自我满意	自我行动	自我概念总分
时间价值感	0.18*	0.18*	0.31***	0.24**	0.24***	0.05	0.28***	0.17*	0.30***	0.31***
时间监控观	0.22**	0.26***	0.44***	0.32***	0.30***	−0.08	0.29***	0.21**	0.43***	0.38***
时间效能感	0.35***	0.25***	0.50***	0.38***	0.36***	0.00	0.35***	0.32***	0.50***	0.47***
时间管理倾向总分	0.27***	0.28***	0.49***	0.36***	0.35***	−0.04	0.35***	0.26***	0.48***	0.44***

由表 2-4-6 可知,与文科、理工科学生相同的是,除了自我批评之外,艺体学生的自我概念的其他因子与时间效能感之间存在显著正相关,艺体学生的时间管理倾向的各因子与自我批评之间不存在显著相关。艺体学生的自我概念总分与时间管理倾向总分之间存在显著正相关。

与文科、理工科学生不同的是,艺体学生的时间价值感与生理自我不存在显著相关,艺体学生的时间监控观与生理自我、心理自我、社会自我、自我满意、自我行动之间不存在显著相关。

表 2-4-6 艺体学生时间管理倾向各因子与自我概念各因子的相关分析

	生理自我	道德自我	心理自我	家庭自我	社会自我	自我批评	自我认同	自我满意	自我行动	自我概念总分
时间价值感	0.22	0.39**	0.27*	0.37**	0.29*	0.07	0.39**	0.37**	0.33*	0.41**
时间监控观	0.12	0.37**	0.25	0.46***	0.12	−0.13	0.36**	0.19	0.24	0.31*
时间效能感	0.39**	0.37**	0.32**	0.52***	0.34**	−0.11	0.46***	0.43***	0.38**	0.48***
时间管理倾向总分	0.27*	0.48***	0.34**	0.57***	0.29*	−0.08	0.50***	0.39**	0.39**	0.49***

(三)大学生时间管理倾向对自我概念的回归分析

为探讨文科、理工科学生的时间管理倾向各因子对自我概念总分的影响的可能性及作用大小,以自我概念总分为因变量,以时间管理倾向各因子为自变量进行多元回归分析,结果时间效能感纳入了回归方程。从表 2-4-7 中可知,自我概念总分与时间效能感的多元相关系数为 0.47,其增加解释量为 22%,即时间效能感能预测自我概念总分 22%的变异量。

表 2-4-7 文科、理工科学生时间管理倾向各因子与自我概念各因子的多元回归分析

因变量	自变量	F	R	R^2	ΔR^2	β	t
自我概念总分	时间效能感	50.59***	0.47	0.22	0.22	0.47***	7.11***

第二章 大学生自我的研究

为探讨艺体学生时间管理倾向各因子对自我概念总分的影响的可能性及作用大小,以自我概念总分为因变量,以时间管理倾向各因子为自变量进行多元回归分析,结果时间效能感、时间价值感纳入了回归方程。从表2-4-8中可知,时间效能感与自我概念总分的多元相关系数为0.48,时间价值感与自我概念总分的多元相关系数为0.54,其联合解释变异量为0.29,即时间效能感、时间价值感能共同预测自我概念总分29%的变异量。就个别变量的增加解释量来看,以时间效能感的预测力最佳,其增加解释量为23%;时间价值感次之,其增加解释量为6%。这说明艺体学生的时间效能感、时间价值感能有效预测自我概念总分的情况。

表2-4-8 艺体学生时间管理倾向各因子与自我概念各因子的多元回归分析

因变量	自变量	F	R	R^2	ΔR^2	β	t
自我概念总分	时间效能感	10.91***	0.48	0.23	0.23	0.37***	3.02**
	时间价值感		0.54	0.29	0.06	0.27**	2.18*

三、讨论

(一)不同群体的大学生时间管理倾向情况分析

本研究结果显示,大学生的时间管理倾向及其各因子在性别、年级上均无显著差异。这一结论与国内学者的相关研究结论是一致的。产生这种结果的原因可能是大学生对于时间价值的态度和观念趋于相同。但是,艺体学生在时间监控观、时间效能感上与文科和理工科学生之间存在显著差异。

(二)不同群体的大学生自我概念情况分析

本研究结果显示,男生与女生在生理自我、道德自我、心理自我、家庭自我、社会自我、自我批评、自我认同、自我行动、自我概念总分等方面不存在显著差异。这说明大学生在自我认同和接纳、外在的行为表现、生理、道德、心理感受等方面大致相同。其原因可能是女性的社会地位有了显著的提高。

第五节　大学生自我概念与焦虑、归因方式的关系研究

我国有不少学者开展过大学生焦虑的相关研究。李伟等人研究了大学生的压力感与抑郁、焦虑的关系；蒋洪波探讨了大学生归因方式和焦虑的关系；陈本友研究了大学生时间管理倾向与焦虑的关系。虽然有不少学者开展了焦虑与自我概念、焦虑与归因方式的相关研究，但将焦虑、自我概念、归因方式结合起来，探讨三者之间关系的研究还未见报道。因此，本研究可以填补国内对这方面研究的空白。近几年来，尤其是在经济发达地区，患有焦虑症的大学生数量呈现出不断增长的势头，而且焦虑程度也在逐渐加深。那么，造成大学生焦虑的原因是什么？影响因素有哪些？在焦虑症状形成的过程中，他们的自我概念和他们对行为结果的归因方式是否起到了作用？为了更好地帮助患有焦虑症的大学生，就必须揭示导致大学生焦虑的原因。

本研究通过了解大学生焦虑的现状，进行人口统计学变量上的差异检验，分析焦虑与自我概念、归因方式的关系，探讨自我概念、归因方式对焦虑的影响，最后提出大学生应对焦虑问题的建议。

一、对象、工具与方法

（一）对象

本研究从国内某四所高校中随机选取 400 名大学生作为被试，最后收到有效问卷 347 份。

（二）工具

1. 状态-特质焦虑量表

状态-特质焦虑量表是美国斯皮尔伯格（Spielbeger）教授编制和修订的，共 40 项，由状态焦虑量表（S-AI）和特质焦虑量表（T-AI）两个分量表组成。前者用于评定近期某一特定时间或特定情境的体验，常用作面临各种诱发焦虑的情境时情绪状态的评价；后者多用于评价人格特点。该量表经过国内一些专家的修订和测试，具有较高的效度和信度。

2. 田纳西自我概念量表

具体介绍见第二章第三节。

3.归因方式量表

归因方式量表用来评估个体比较稳定的归因方式,量表由张学军编制,共48道题,包括内外在、整体局部、可控性三个因子。该量表采用7级评分法,测量时要求被试针对不同的问题,在与自己实际情况相符合的选项上打"√"。该量表有较好的信度与效度,其内部一致性信度为0.74,重测信度为0.70。

(三)方法

主试先为被试解释问卷的各部分构成、答题的注意事项,然后让被试独立完成问卷,最后主试收回问卷。

本研究的所有数据均使用 SPSS 12.0 统计软件进行处理。

二、结果

(一)大学生自我概念、焦虑和归因方式的总体状况

本研究结果表明,男、女大学生的状态焦虑水平(男:43.60±9.84,女:41.46±9.10)均显著高于全国常模(男:39.71±8.89,女:38.97±8.45),女大学生的特质焦虑水平(43.64±7.93)显著高于全国女性常模(41.31±7.54),但男大学生的特质焦虑水平(45.24±8.89)和全国男性常模(44.11±7.74)相比不存在显著差异。

田纳西自我概念量表采用5级评分法,评分等级的中数为3,大学生自我概念总分的得分为(3.65±0.44),因此大学生自我概念的总体状况是积极的。

归因方式量表采用7级评分法,评分等级的中数为4,大学生归因方式的正内外得分为(4.55±1.00),正整局得分为(4.25±0.93),正可控得分为(3.31±1.05),负内外得分为(4.38±1.08),负整局得分为(3.97±0.98),负可控得分为(3.36±1.09)。由此可见,大学生的归因方式趋向于把正性事件发生的原因归结于内在的、整体的、可控的因素,把负性事件发生的原因归结于外在的、局部的、不可控的因素。

(二)大学生焦虑的人口统计学变量差异

由分析结果可知,大学生焦虑在年级、专业类别、独生情况、家庭居住地等变量上不存在显著差异,仅在性别和父母情况上存在显著差异,结果如表2-5-1所示。

从表2-5-1中可知,不同性别、父母情况的大学生在状态焦虑上均存在显

著差异,但在特质焦虑上不存在显著差异。在状态焦虑上,男大学生的得分高于女大学生,单亲家庭的大学生的得分高于双亲家庭的大学生。

表 2-5-1 不同性别、父母情况的大学生的焦虑差异比较($M \pm SD$)

	男 ($n=177$)	女 ($n=170$)	t		双亲 ($n=306$)	单亲 ($n=39$)	t
状态焦虑	43.60±9.84	41.46±9.10	2.10*	状态焦虑	42.05±9.60	46.03±8.30	−2.47*
特质焦虑	45.24±8.89	43.64±7.93	1.76	特质焦虑	44.14±8.52	46.59±7.76	−1.71

注:父母双亡的大学生只有2位,人数太少,因此比较父母情况时,只比较双亲和单亲两种情况。

(三)不同焦虑水平的大学生的自我概念、归因方式的比较

按照常态分布中组别划分的最佳点为27%的标准,对状态焦虑得分进行排序,找出前27%和后27%处的得分,将其作为分组的临界分数。然后根据找出的分数将大学生分成两组,即状态焦虑得分大于或等于前27%处得分的为高状态焦虑组,状态焦虑得分小于或等于后27%处得分的为低状态焦虑组。接下来比较两组大学生在自我概念得分和归因方式得分上的差异。特质焦虑组的划分方式同上,也需要比较两组大学生在自我概念得分和归因方式得分上的差异。

从表2-5-2中可以看出,除了自我批评、负内外、负整局外,高状态焦虑组和高特质焦虑组大学生分别与低状态焦虑组和低特质焦虑组大学生在自我概念总分及其各因子、归因方式各因子上存在显著差异。

表 2-5-2 不同焦虑水平的大学生的自我概念、归因方式的比较($M \pm SD$)

因子	状态焦虑			特质焦虑		
	高($n=107$)	低($n=94$)	t	高($n=102$)	低($n=111$)	t
生理自我	39.77±5.24	47.40±4.92	−10.61***	39.71±6.10	47.52±4.68	−10.43***
道德自我	42.50±7.43	52.87±5.41	−11.40***	43.05±7.44	52.47±5.92	−10.17***
心理自我	47.40±5.44	48.46±5.31	−11.47***	39.57±5.21	48.44±4.90	−12.82***
家庭自我	42.78±7.89	53.36±5.00	−11.51***	43.44±7.81	53.22±5.21	−10.65***
社会自我	38.93±5.49	47.45±5.59	−10.89***	49.14±5.60	46.50±5.99	−9.25***

续表

因子	状态焦虑			特质焦虑		
	高($n=107$)	低($n=94$)	t	高($n=102$)	低($n=111$)	t
自我批评	32.06±5.38	32.30±5.92	−0.30	32.31±5.28	31.83±6.08	0.62
自我认同	85.30±11.75	99.55±7.90	−10.20***	85.87±12.40	99.13±8.13	−9.14***
自我满意	78.10±9.14	94.02±7.76	−13.22***	78.92±9.39	92.79±8.25	−11.48***
自我行动	72.36±10.19	88.27±9.96	−11.16***	72.42±9.26	88.06±10.48	−11.50***
自我概念总分	235.77±26.72	281.84±20.66	−13.76***	237.22±26.92	279.98±22.01	−12.63***
正内外	35.19±7.21	38.20±9.39	−2.53*	35.25±7.66	38.80±8.47	−3.21**
正整局	33.26±6.01	35.88±8.89	−2.42*	33.28±6.33	35.53±8.53	−2.20*
正可控	28.25±8.58	23.10±8.09	4.37***	39.84±7.95	35.08±8.92	4.12***
负内外	35.55±7.08	35.00±10.21	0.44	35.79±7.69	35.81±10.19	−0.01
负整局	32.69±7.29	30.74±9.03	1.67	32.27±6.64	31.21±9.01	0.99
负可控	29.62±8.09	23.06±8.33	5.65***	39.94±8.21	34.86±8.62	4.40***

(四)大学生焦虑与自我概念、归因方式的相关分析

从表 2-5-3 中可以看出,除了自我批评外,自我概念的各因子与状态焦虑和特质焦虑均呈显著负相关,均在 0.001 水平上显著。这说明大学生自我概念与焦虑有着非常密切的关系。

正内外、正整局与状态焦虑呈显著负相关,正可控、负整局、负可控与状态焦虑呈显著正相关;正内外与特质焦虑呈显著负相关,正可控、负可控与特质焦虑均呈显著正相关。这说明大学生的归因方式与焦虑确实有着密切的关系,尤其是在事件发生的原因的可控制性上,两者的关系非常密切,其相关系数均在 0.001 水平上有显著差异。

从表 2-5-3 中还可以看出,状态焦虑与特质焦虑呈显著正相关,显著水平在 0.001 水平上。这说明大学生的状态焦虑与特质焦虑关系密切。

表 2-5-3 大学生焦虑与自我概念、归因方式的相关分析

	A	B	C	D	E	F	G	H	I	J	K	L	M	N	O	P	Q
B	0.74***																
C	-0.50***	-0.56***															
D	-0.47***	-0.45***	0.60***														
E	-0.53***	-0.60***	0.66***	0.66***													
F	-0.48***	-0.47***	0.61***	0.79***	0.65***												
G	-0.48***	-0.49***	0.54***	0.53***	0.65***	0.56***											
H	0.03	0.08	0.02	0.16**	0.05	0.19***	0.16**										
I	-0.42***	-0.43***	0.66***	0.78***	0.70***	0.79***	0.63***	0.29***									
J	-0.54***	-0.53***	0.67***	0.73***	0.76***	0.76***	0.72***	0.31***	0.67***								
K	-0.051	-0.55***	0.70***	0.79***	0.74***	0.77***	0.68***	0.24***	0.63***	0.71***							
L	-0.55***	-0.57***	0.77***	0.87***	0.83***	0.88***	0.76***	0.32***	0.87***	0.89***	0.89***						
M	-0.15**	-0.22***	0.19**	0.25***	0.23***	0.22***	0.21***	-0.01	0.20***	0.22***	0.20***	0.25***					
N	-0.11*	-0.09	0.15**	0.14**	0.14**	0.15**	0.17**	0.02	0.1	0.15**	0.17***	0.25***	0.35***				
O	0.22***	0.24***	-0.25***	-0.33***	-0.28***	-0.28***	-0.23***	0	-0.22***	-0.32***	-0.29***	-0.31***	-0.21***	0.11*			
P	0.04	-0.04	0.03	0.04	0.02	0.04	-0.02	0.01	0.03	0.01	0.04	0.03	0.57**	0.22**	0.15**		
Q	0.11**	0.08	-0.14**	-0.11*	-0.1	-0.15**	-0.15**	-0.04	-0.12**	-0.16***	-0.14**	-0.15***	-0.11**	0.48***	-0.12**	0.25***	
R	0.26***	0.28***	-0.31***	-0.31***	-0.32***	-0.29***	-0.26***	0	-0.27***	-0.32***	-0.31***	-0.34***	-0.12	0.07	-0.76***	-0.07	0.24***

注：表中 A 代表状态焦虑，B 代表特质焦虑，C 代表生理自我，D 代表道德自我，E 代表心理自我，F 代表家庭自我，G 代表社会自我，H 代表自我批评，I 代表自我认同，J 代表自我满意，K 代表自我行动，L 代表自我概念总分，M 代表正内外，N 代表负内外，O 代表正可控，P 代表负整局，Q 代表负内外，R 代表负可整。

第二章 大学生自我的研究

（五）自我概念、归因方式对焦虑的影响

为了探讨自我概念各因子和归因方式各因子对焦虑的影响，以自我概念各因子、归因方式各因子为自变量，以状态焦虑为因变量进行回归分析，结果自我概念总分、自我批评和自我满意三个因子进入了回归方程。以特质焦虑为因变量进行回归分析，结果心理自我、生理自我、自我批评、自我行动和自我满意五个因子进入了回归方程（见表2-5-4）。

从表2-5-4中可知，对于状态焦虑，多元相关系数为0.61，其联合解释变异量为0.37，即自我概念总分、自我批评、自我满意能联合预测状态焦虑37%的变异量。就个别变量的增加解释量来看，以自我概念总分因子的预测力最佳，其增加解释量为31%，其次为自我批评因子、自我满意因子，它们的增加解释量分别为5%、2%。这说明大学生的自我概念总分、自我批评、自我满意能有效预测状态焦虑的情况。

对于特质焦虑，多元相关系数为0.66，其联合解释变异量为0.44，即心理自我、生理自我、自我批评、自我行动、自我满意能联合预测特质焦虑44%的变异量。就个别变量的增加解释量来看，以心理自我因子的预测力最佳，其增加解释量为37%，其次为生理自我、自我批评、自我行动、自我满意四个因子，它们的增加解释量分别为5%、1%、1%、1%。这说明大学生心理自我、生理自我、自我批评、自我行动、自我满意能有效预测特质焦虑的情况。

表2-5-4 大学生自我概念、归因方式与焦虑的逐步回归分析

效标变量	预测变量	R	R^2	ΔR^2	β	t
状态焦虑	自我概念总分	0.55	0.31	0.31	−0.39	−4.20***
	自我批评	0.60	0.36	0.05	0.24	5.30***
	自我满意	0.61	0.37	0.02	−0.27	−2.85**
特质焦虑	心理自我	0.60	0.37	0.37	−0.26	−3.53***
	生理自我	0.64	0.41	0.05	−0.16	−2.50*
	自我批评	0.65	0.42	0.01	0.19	3.93***
	自我行动	0.66	0.43	0.01	−0.19	−2.61**
	自我满意	0.66	0.44	0.01	−0.15	−1.99*

（六）大学生焦虑、自我概念、归因方式的模型构建

采用多元回归分析法中的强迫进入法对三者的路径进行分析，路径分析图如图2-5-1和图2-5-2。

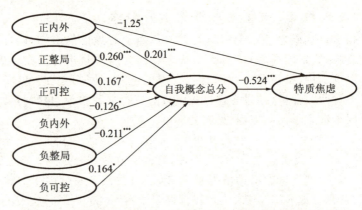

图 2-5-1　大学生自我概念、特质焦虑、归因方式的路径分析图

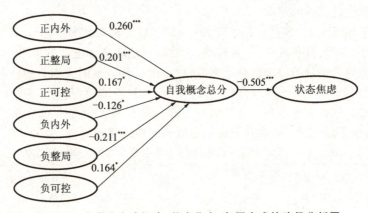

图 2-5-2　大学生自我概念、状态焦虑、归因方式的路径分析图

由图 2-5-1 和图 2-5-2 可知,归因方式的各因子均通过自我概念总分对特质焦虑和状态焦虑起作用,因此自我概念总分是归因方式各因子和特质焦虑、状态焦虑的中介变量。

三、讨论

(一)大学生焦虑的特点

本研究结果表明,男、女大学生的状态焦虑和特质焦虑均高于全国常模,这与李建芹的研究结果是一致的。据有关专家调查,不同时代人们患焦虑症的比例大致为:20 世纪 50 年代初为 1.5‰,70 年代为 4‰,80 年代为 8‰,90 年代初为 21‰。本研究结果表明,男大学生的状态焦虑水平高于女大学生。这可能是由于随着社会的发展,男生要承担的社会责任更多,压力更大,更容易产生焦虑情绪。

父母情况不同的大学生的状态焦虑存在显著差异,双亲家庭的大学生的状态焦虑水平比单亲家庭大学生的低。这可能是因为双亲家庭的大学生能更多地体验到亲情的温暖,能够得到更多的支持,因此其焦虑水平相对较低;而单亲家庭的大学生可能觉得家庭不完整,得不到更多的支持,因而会产生更多的焦虑。除此之外,有的单亲家庭是重组家庭,如果处理不好家庭人际关系,势必会引发焦虑情绪。

(二)不同焦虑水平的大学生的自我概念、归因方式的特点

除了自我批评、负内外、负整局外,高状态焦虑组和高特质焦虑组大学生分别与低状态焦虑组和低特质焦虑组大学生在自我概念总分及其各因子、归因方式各因子上存在显著差异。这表明自我概念水平和归因方式不同的大学生,其焦虑状态也不同。焦虑水平低的大学生的自我概念要比焦虑水平高的大学生的自我概念积极。在归因方式上,焦虑水平低的大学生更倾向于把正性事件发生的原因归结于内在的、整体的和可控的因素,把负性事件发生的原因归结于外在的、局部的、不可控的因素。

(三)大学生的焦虑水平与自我概念、归因方式的关系

除了自我批评外,大学生自我概念的各因子与状态焦虑、特质焦虑均存在显著负相关。这表明大学生的自我概念越积极,其焦虑水平就越低。自我概念是衡量心理健康的重要因素。自我概念高就意味着个体能悦纳自己、展示自己、超越自己,能从自我发展中获得乐趣;相反,自我概念低的个体会对自己持否定态度,会出现自卑、挫败感,继而引发焦虑情绪。

归因方式的正内外与状态焦虑呈显著负相关,归因方式的正可控、负可控与状态焦虑呈显著正相关,即焦虑水平高的大学生倾向于把正性事件发生的原因归结于外在的、局部的、不可控的因素,把负性事件发生的原因归结于不可控的因素,这样的归因方式会降低个体的自我效能感和自信心。根据罗特的控制源理论,如果人们将结果归因于如能力、人格、努力水平等内控制源,那么就会觉得自己有能力控制随后行为的结果,从而满怀信心地去实现自己的目标;相反,如果人们将结果归因于外控制源,即外部原因,由于外部原因是不以人的意志为转移的,人们就会产生对随后结果的不确定性,而这种不确定性将会引发一系列的消极情绪,如"谋事在人,成事在天""人的命,天注定"等。因此,要想降低大学生的焦虑水平,可以通过改变其归因方式来实现。

大学生的状态焦虑与特质焦虑呈显著正相关,说明大学生的状态焦虑与特质焦虑有着非常密切的关系。两者之间的关系表明,如果个体某一时刻的状态焦虑得不到解决,慢慢地就有可能转化成特质焦虑,并成为人格的一部分。当个体形成了焦虑的人格后,在遇到自己认为不太容易解决的问题或面临一种自己认为无法掌控的情境时,就极容易产生状态焦虑。

(四)自我概念对大学生焦虑的预测作用

本研究考查了自我概念的各因子和归因方式的各因子对状态焦虑、特质焦虑的影响。对于状态焦虑,自我概念总分因子、自我批评因子、自我满意因子进入了回归方程,说明这三个因子能较好地预测状态焦虑;对于特质焦虑,心理自我因子、生理自我因子、自我批评因子、自我行动因子、自我满意因子进入了回归方程,说明这五个因子能较好地预测特质焦虑。

归因方式的各因子均未进入回归方程。归因方式的各因子均通过自我概念总分对状态焦虑和特质焦虑起作用,说明自我概念总分是归因方式各因子和状态焦虑、特质焦虑的中介变量。"自我概念就像一个过滤器,进入心理世界的每一种知觉都必须通过这一过滤器。在知觉通过这一过滤器的同时,它也被赋予意义。"因此,自我概念会影响一个人的归因方式,培养积极的自我概念是减少焦虑的一种重要途径。

(五)降低大学生焦虑的建议

一是培养积极的自我概念。学校应开设心理学课程,让大学生多了解和学习相关的知识,引导大学生正确、全面地评价自己、悦纳自己。除此之外,学校还应该提供一些社会实践机会,开展丰富多彩的文体活动和心理咨询活动,改变大学生的消极自我概念。

二是培养积极的归因方式。第一,让学生学习和掌握归因理论。学校可通过专题讲座向学生讲解归因知识,同时把讲解内容印刷成册并分发给学生,以便课后学习和理解。第二,指导学生理论联系实际。第三,开展再归因训练。目前再归因训练在教育上应用较多。再归因训练的着眼点是试图改变行为结果的原因认知(如成功和失败),方法通常是从原因源、稳定性和可控制性等方面进行分析,引导大学生形成积极的归因方式,即在成功时肯定自己,在失败时不过多地责备自己。

第六节 大学生自我表露与就业焦虑的关系研究

和青春期焦虑、考试焦虑一样,高校毕业生在就业时也会产生一种对未来、对工作感到担忧的就业焦虑。

自我表露在人际交往中普遍存在,是人际交往中的一个重要环节,是健康人格的表现,是亲密程度的指标之一,是个人不健康情绪得到宣泄的重要途径。大学生通过自我表露,可以有效地缓解就业焦虑。

第二章 大学生自我的研究

本研究基于前人对大学生就业焦虑的影响因素的研究结论,通过采集数据进行分析和研究,探讨了自我表露与就业焦虑的关系,以期为缓解大学生的就业焦虑提供一定的帮助。

一、对象与工具

(一)对象

本研究以国内某三所高校的毕业生为研究对象。根据随机抽样原则,采用统一的问卷指导语进行问卷调查,共发放问卷341份,收回问卷321份,其中有效问卷306份,问卷有效率为95.33%。

(二)工具

1. 大学生焦虑自评量表

大学生焦虑自评量表(Self-Rating Anxiety Scale,SRAS)主要用来测试个体的焦虑程度,具有广泛的适用性。量表 α 系数为0.93。该量表由20道题目组成,采用4级评分法,其中第5、9、13、17、19题为反向记分。将大学生焦虑自评量表的总分乘以1.25,得数四舍五入取整数后即为焦虑自评量表标准分。大学生焦虑自评量表的评定结果以标准分来定:标准分小于50分为无焦虑,标准分大于等于50分且小于70分为轻度焦虑,标准分大于等于70分且小于85分为中度焦虑,标准分大于等于85分为重度焦虑。

2. 大学生自我表露量表

采用苏静等人自编的大学生自我表露量表(Self-Disclosure Scale,SDS)。该量表共包括6个因子,分别是个性情绪、学习生活、人际关系、身体、个人经历和家庭。其中,个性情绪主要包括个体对一些事情的想法、观点及情绪状态等;学习生活主要包括个体在学习、生活中面临的各类难题、波折、选择等;人际关系主要包括个体对他人真实的评价、感觉等;身体主要包括个体对自己身体的评估,如身材、外貌等;个人经历主要包括个体的感情经历、过去获得的成绩、损害自尊的事情、让自己感到难堪的事情;家庭主要包括家庭成员情况、家庭物质条件、与家庭成员之间的冲突等。大学生自我表露量表具有良好的信度和效度,各因子与总分的相关系数都达到了0.7以上,α 系数为0.89,采用5级评分法。

二、结果

(一)大学毕业生的就业焦虑状况分析

306名大学毕业生就业焦虑因子的平均值是47.5,最大值是72.5,最小值是 27.5。经正态分布检验,符合正态分布($P<0.001$)。与全国常模得分(29.78 ± 0.46)相比,差异有统计学意义。大学毕业生的就业焦虑状况的详细情况参见表 2-6-1 和表 2-6-2。

表 2-6-1 大学毕业生就业焦虑标准分的分布状况($n=306$)

	最小值	最大值	均值	标准差
就业焦虑标准分	27.5	72.5	47.5	8.5

表 2-6-2 大学毕业生就业焦虑的分布状况($n=306$)

	频数	频率
无焦虑	202	66%
轻度焦虑	101	33%
中度焦虑	3	1%
总计	306	100%

调查结果显示,被试群体的就业焦虑状况较轻,33%的被试有轻度焦虑的状况,1%的被试有中度焦虑的状况。

(二)大学毕业生的自我表露状况分析

为了了解大学毕业生的自我表露的总体状况,对自我表露的 6 个因子及其总分进行描述性统计(见表 2-6-3),自我表露总分的最小值是 41,最大值是 112,平均得分为 64.01。经正态分布检验,$P<0.001$。

表 2-6-3 大学毕业生自我表露的总体状况($n=306$)

	最小值	最大值	均值	标准差
人际关系	3	14	8.20	1.84
身体	6	20	11.45	2.74
学习生活	6	15	9.43	2.05
个性情绪	4	15	9.13	2.37
个人经历	8	28	15.41	3.66
家庭	6	20	11.17	2.57
自我表露总分	41	112	64.01	12.15

由表 2-6-4 可知,自我表露各因子与自我表露总分呈显著相关,这表明自我表露各因子对自我表露总分有较好的反映作用。

第二章 大学生自我的研究

表 2-6-4 大学毕业生的自我表露各因子与自我表露总分的相关分析

	人际关系	身体	学习生活	个性情绪	个人经历	家庭	自我表露总分
人际关系	1						
身体	0.47**	1					
学习生活	0.51**	0.52**	1				
个性情绪	0.37**	0.44**	0.59**	1			
个人经历	0.58**	0.57**	0.59**	0.58**	1		
家庭	0.48**	0.62**	0.69**	0.63**	0.67**	1	
自我表露总分	0.71**	0.78**	0.77**	0.74**	0.87**	0.85**	1

(三)大学毕业生不同特征变量上的自我表露和就业焦虑状况分析

1. 大学毕业生的就业焦虑和自我表露的总体状况分析

为了了解当前大学毕业生的就业焦虑和自我表露的总体状况,对就业焦虑和自我表露进行描述性统计,详细情况参见表 2-6-5。

表 2-6-5 大学毕业生的就业焦虑和自我表露的总体状况

	最小值	最大值	均值	标准差
人际关系	3	14	8.20	1.84
身体	6	20	11.45	2.74
学习生活	6	15	9.43	2.06
个性情绪	4	15	9.13	2.37
个人经历	8	28	15.41	3.66
家庭	6	20	11.17	2.57
自我表露总分	41	112	64.01	12.15
就业焦虑	1	3	1.41	0.51

注:就业焦虑中,"1"表示无焦虑,"3"表示中度焦虑。

2. 大学毕业生的自我表露与就业焦虑状况在性别上的差异

为了了解大学毕业生的自我表露与就业焦虑状况在性别上的差异,以自我表露的 6 个因子和自我表露总分作为测试变量进行差异性检验,对不同性别的大学毕业生进行比较,详细情况参见表 2-6-6。

表 2-6-6　大学毕业生的自我表露和就业焦虑状况在性别上的差异

	男($n=99$)	女($n=207$)	t	F	P
人际关系	7.54±1.54	8.52±1.89	−4.79	3.22	0.000***
身体	10.03±2.19	12.13±2.72	−7.23	4.80	0.000***
学习生活	8.54±1.90	9.85±1.99	−5.54	0.40	0.000***
个性情绪	7.90±2.07	9.72±2.28	−6.93	0.16	0.000***
个人经历	14.60±2.74	15.79±3.97	−3.05	5.54	0.003**
家庭	10.39±2.19	11.55±2.65	−4.02	0.28	0.000***
自我表露总分	58.30±8.50	66.73±12.69	−6.87	9.55	0.000***
就业焦虑	1.53±0.50	1.36±0.51	2.72	2.16	0.007**

不同性别的大学毕业生在人际关系、身体、学习生活、个性情绪、个人经历、家庭、自我表露总分和就业焦虑上都存在显著差异。女生的自我表露各因子及其总分的得分显著高于男生,男生的就业焦虑程度显著高于女生。

(四)大学毕业生的自我表露与就业焦虑的关系研究

对不同焦虑程度的大学毕业生的自我表露各因子及自我表露总分进行单因素方差分析,结果如表 2-6-7 所示。

表 2-6-7　大学毕业生的自我表露和就业焦虑的关系分析($M\pm SD$)

	无焦虑 ($n=202$)	轻度焦虑 ($n=101$)	中度焦虑 ($n=3$)	F
人际关系	8.48±1.98	7.88±1.52	6.00±0.00	5.14
身体	12.0±2.90	10.54±2.27	11.00±0.00	7.87
学习生活	10.0±2.12	8.57±1.66	9.00±0.00	13.18
个性情绪	9.82±2.17	8.07±2.31	10.00±0.00	15.12
个人经历	16.12±4.19	14.30±2.38	17.00±0.00	6.42
家庭	11.97±1.67	9.98±1.93	10.00±0.00	17.01
自我表露总分	67.39±13.24	58.96±8.38	63.00±0.00	12.94

对自我表露的各因子及其总分与就业焦虑进行相关性分析,结果如表

2-6-8所示。自我表露的各因子及其总分与就业焦虑之间存在显著负相关,表明自我表露各因子的得分越高,就业焦虑程度就越低。

表 2-6-8　大学毕业生自我表露与就业焦虑的相关分析

	就业焦虑
人际关系	−0.18**
身体	−0.26**
学习生活	−0.33**
个性情绪	−0.33**
个人经历	−0.22**
家庭	−0.37**
自我表露总分	−0.32**

三、讨论

(一)性别对大学毕业生的自我表露的影响

不同性别的大学毕业生的自我表露存在显著差异,女生的自我表露各因子及其总分的得分显著高于男生。这主要是由生理因素和社会要求两个方面造成的。首先从生理上看,女生在言语表达上占优势,更善于向朋友倾诉;其次女生的自我表露更容易被社会接纳。

(二)大学毕业生自我表露与就业焦虑的关系分析

自我表露总分与就业焦虑之间存在显著负相关,而且自我表露的各因子和就业焦虑之间也存在显著负相关。这一结果表明,缓解毕业生的就业焦虑可以从引导其表露焦虑等负面情绪着手。

第七节　大学生自我表露与家庭亲密度的研究

家庭是社会的重要组成部分。良好的家庭环境不仅有利于社会的和谐安定,也有利于孩子的健康成长和长远发展。家庭亲密度是指家庭成员之间的情感联系和家庭成员各自的自主性。①

---

① 费立鹏,郑延平,邹定辉.家庭亲密和适应性量表中文版(FACESⅡ-CV)[J].中国心理卫生杂志,1999,13(2):142-149.

改革开放以来,在经济飞速发展的同时,人们的生活压力也在逐渐加大,许多人为维持家庭生计或改善家庭经济状况而不得不外出务工。这就导致许多家庭父母与孩子分离,家庭成员之间见面的机会少之又少。家庭是孩子的重要活动场所,是影响个体发展的第一个微观环境。而在家庭环境中,家庭亲密度是极其重要的部分,它不仅影响个体的社会化过程,而且对个体的心理健康发展起着重要的作用。家庭治疗的临床实践表明,家庭作为其成员间情感交流最充分的场所,其功能发挥得不好,会给孩子带来更多的困惑和问题,尤其是心理方面的问题。

许多大学生到外地求学,远离自己的家人和朋友,因此陪伴他们的是大学里的老师、同学和朋友。他们在遇到问题时,或是求助老师,或是求助同学和朋友,很难想到与家人分享自己内心真实的情感。还有许多性格内向的大学生因找不到倾诉的渠道,问题累积过多,最终出现了心理问题,如孤独感、低自尊等。有研究表明,不良的家庭环境会导致孩子产生抑郁情绪的概率大大增加。

一、对象、工具与方法

(一)对象

本研究从国内某两所高校随机抽取大学生,发放问卷300份,收回问卷260份。经过初步筛选,共获得有效问卷227份,问卷有效率为87.31%。

(二)工具

1. 自我表露问卷

采用陈会昌等修订的自我表露问卷(Self-Disclosure Questionnaire, SDQ)。该问卷包括态度和观点、兴趣和爱好、学习或工作、金钱、个性、身体6个自我表露因子,每个因子由10个项目组成,共60个项目。每个项目选取4个目标人(父亲、母亲、同性朋友、异性朋友)分别回答自我表露的程度,"0"表示不向他人表露,"1"表示向他人说了一些,"2"表示非常详细地告诉他人,"X"表示对他人说谎或不正确地表达自己,分别以1分、2分、3分、1分进行统计。每个被试有240个记录分数,分数越高表明自我表露的程度越高。各因子的同质性信度分别为0.84、0.84、0.84、0.87、0.86、0.86,其分半信度为0.92。

2. 家庭亲密度与适应性量表

家庭亲密度与适应性量表(FACES Ⅱ)为自评量表,包括家庭亲密度和适应性两个分量表,共有30个项目,每个项目的答案分为5个等级。被试的回答代表该项目所描述的状况在其家庭出现的频次,分数越高表明家庭亲密度和适应性越好。针对本研究的目的,只选取家庭亲密度的实际感受部分。

(三) 方法

运用 SPSS 17.0 统计软件对数据进行统计分析。

二、结果

(一) 大学生自我表露与家庭亲密度的现状分析

1. 大学生自我表露与家庭亲密度的总体情况

为了了解大学生自我表露的总体情况,本研究采用了描述性统计方法,得出了大学生自我表露与家庭亲密度的总体情况,如表 2-7-1 所示。

表 2-7-1　大学生自我表露与家庭亲密度的总体情况

	最大值	最小值	均值	标准差
态度和观点	117.00	41.00	73.11	14.60
兴趣和爱好	120.00	40.00	78.80	17.17
学习或工作	120.00	40.00	78.06	16.35
金钱	120.00	40.00	67.72	16.89
个性	116.00	40.00	70.03	13.97
身体	104.00	40.00	68.41	14.29
自我表露总分	636.00	257.00	436.13	76.23
家庭亲密度	93.00	43.00	72.45	10.01

根据量表编制者的分类方法,将家庭亲密度分为松散、自由、亲密和缠结 4 种类型。其中,家庭亲密度为松散类型的占 5.70%,自由类型的占 17.60%,亲密类型的占 33.00%,缠结类型的占 43.70%。

2. 大学生自我表露与家庭亲密度的差异检验

为了进一步比较不同性别、家庭月收入的大学生在自我表露各因子与家庭亲密度上的差异,以大学生自我表露的 6 个因子及家庭亲密度作为测试变量进行独立样本 t 检验,结果见表 2-7-2。

表 2-7-2　大学生自我表露各因子与家庭亲密度在性别上的差异检验（$M \pm SD$）

	男	女	t
态度和观点	72.82±12.95	73.21±15.12	2.14
兴趣和爱好	75.96±15.24	79.70±17.69	3.12
学习或工作	75.89±15.18	78.75±16.69	1.67
金钱	67.93±14.67	68.33±17.66	3.94*
个性	69.44±14.96	70.22±16.68	0.53
身体	67.19±13.29	68.80±14.60	0.67
家庭亲密度	71.18±8.97	72.85±10.32	1.08*

表 2-7-2 显示，大学生自我表露中的金钱和家庭亲密度因子在性别上差异显著。在金钱和家庭亲密度因子上，均表现为女生得分略高于男生。

表 2-7-3 显示，兴趣和爱好、个性、家庭亲密度在家庭月收入上存在显著差异。经多重比较后发现，在兴趣和爱好、个性因子得分上，家庭月收入 5000 元以上＞1001～3000 元＞3001～5000 元＞1000 元及以下；在家庭亲密度的得分上，家庭月收入 5000 元以上＞3001～5000 元＞1001～3000 元＞1000 元及以下。

表 2-7-3　大学生自我表露各因子与家庭亲密度在家庭月收入上的差异检验（$M \pm SD$）

	1000 元及以下	1001～3000 元	3001～5000 元	5000 元以上	F
态度和观点	66.53±12.02	72.85±15.33	72.06±14.23	76.63±14.01	2.36
兴趣和爱好	70.50±13.75	79.79±18.80	76.07±16.08	82.95±15.70	3.12*
学习或工作	70.38±9.45	77.98±17.10	77.12±16.44	81.48±16.07	2.12
金钱	63.31±14.52	67.60±18.24	65.20±17.25	72.17±14.15	2.23
个性	67.19±11.29	69.63±15.02	67.25±13.22	74.81±12.95	3.49*
身体	67.19±13.07	67.56±15.75	66.66±13.80	72.15±12.45	1.81
家庭亲密度	68.81±9.22	71.97±10.50	72.16±9.84	74.54±9.50	1.62*

（二）大学生自我表露与家庭亲密度的关系研究

1. 大学生自我表露与家庭亲密度的相关分析

大学生自我表露与家庭亲密度的相关分析如表 2-7-4 所示。

表 2-7-4　大学生自我表露与家庭亲密度的相关分析

	态度和观点	兴趣和爱好	学习或工作	金钱	个性	身体	自我表露总分	家庭亲密度
态度和观点	1							
兴趣和爱好	0.68**	1						
学习或工作	0.64**	0.78**	1					
金钱	0.45**	0.52**	0.59**	1				
个性	0.56**	0.59**	0.69*	0.58**	1			
身体	0.52**	0.61**	0.61**	0.55**	0.66**	1		
自我表露总分	0.78**	0.86**	0.88**	0.76**	0.82**	0.79**	1	
家庭亲密度	0.30**	0.44**	0.42**	0.24**	0.28**	0.32**	0.41**	1

从表 2-7-4 可以看出,大学生自我表露的 6 个因子与自我表露总分存在显著正相关,均达到 $P<0.01$ 的显著水平。这表明自我表露水平高的个体在进行表露时不会特别顾及哪些方面该表露、哪些方面不该表露;而自我表露水平低的个体则会对表露的内容进行选择,或懒于向他人表露自己所了解或掌握的信息。大学生自我表露的 6 个因子、自我表露总分与家庭亲密度存在显著正相关,这说明家庭亲密度高的个体的自我表露水平也较高,家庭亲密度低的个体的自我表露水平也较低。

2. 大学生自我表露与家庭亲密度的回归分析

为了更加深入地了解大学生自我表露与家庭亲密度的关系,以自我表露总分作为因变量,以家庭亲密度为预测变量进行回归分析。

由表 2-7-5 可知,家庭亲密度对自我表露总分具有良好的预测作用,家庭亲密度这个变量能够解释自我表露 17% 的变异量。

表 2-7-5　大学生自我表露与家庭亲密度的回归分析

因变量	预测变量	R^2	B	F
自我表露总分	家庭亲密度	0.17	0.73	6.74***

三、讨论

(一)大学生自我表露的总体状况

本研究结果显示,大学生自我表露的不同因子的表露程度是有差异的。在自我表露的 6 个因子上,表露程度从高到低依次是:兴趣和爱好、学习或工作、态度和观点、个性、身体、金钱。这说明大学生倾向于对个体私密性较低的内容进行表露,对个体私密性较高的内容表露较少,这与国内外的研究结果基本一致。①② 这可能是因为大学生还没有独立的经济来源,需要家庭的支持;也可能与大学生的人际交往有关,兴趣和爱好、学习或工作、态度和观点是大学生日常生活的主要内容,这些内容的表露既不会对其生活造成太大影响,又有利于其建立良好的人际关系,因此表露程度较高。而个性、金钱、身体这些内容比较敏感,涉及个体私密的问题是大学生不愿公开的部分,因此表露较少。

在大学生自我表露是否存在性别差异的问题上,李林英、陈会昌的研究结果表明,自我表露在性别上具有显著差异,且女生的自我表露程度高于男生。③ 这说明女生比男生更愿意表露自己,容易与他人建立良好的人际关系。这可能与社会对男生和女生的期望不同,男生要勇敢坚强,能承受打击,要理智处事,不要感情用事。如果一个男生过多地表露自己,则容易给别人留下懦弱的印象,所以当遇到问题或困难的时候,男生碍于面子或为了维护自己在他人心中的良好形象而不愿意向同伴表露。与男生相比,女生被人们认为是具有情感丰富、温柔体贴、善解人意等优点的人群,因此她们可以表现出脆弱和无助,也倾向于将自己内心的想法和情感展示出来,向他人表露的可能性就更高。

对大学生自我表露在家庭月收入上的差异分析发现,大学生自我表露中的兴趣和爱好、个性因子在家庭月收入上存在显著差异。智银利和李奋生的研究发现,贫困大学生与非贫困大学生在自我表露上存在极显著的差异。④ 这与本研究的结果大体一致。

(二)大学生家庭亲密度的特点

王莹等人在对大学生家庭亲密度的研究中发现,大学生家庭亲密度在性别和家庭月收入上均存在显著差异⑤,本研究支持这一结论。从性别上来看,这可能与男女性别差异、男女生的个性特征及传统的社会观念有关。女生情感丰富、细腻,对家庭、亲人、朋友的依赖性强,和家庭的关系比较亲密;而男生通常比较内敛,且传统社会对男生有独立自主、自强的要求,与女生相比,男生和家庭的关系也就不如女生那样亲密了。从家庭月收入上来看,中低收入家庭的父母为了维持家庭生计而四处奔波,将大量时间、精力投入到工作中,很

---

① 洪成文.现代教育知识论[M].太原:山西教育出版社,2006:209-210.
② 张彦.高校辅导员队伍职业化问题再探讨[J].学校党建与思想教育,2007(6):72-74.
③ 李林英,陈会昌.大学生自我表露的调查研究[J].心理发展与教育,2004(3):62-67.
④ 智银利,李奋生.大学新生自我表露状况的调查研究[J].晋中学院学报,2008(2):106-109.
⑤ 王莹,李丽娜,马红霞,等.家庭亲密度的研究进展[J].华北理工大学学报(医学版),2012,14(5):645-646.

第二章 大学生自我的研究

少有时间与孩子进行交流和娱乐,因此与孩子的关系就比较疏远;而经济收入中等或偏高的家庭,生活相对舒适,父母与孩子在一起的时间相对较多,家庭亲密度就比较高。

(三)大学生自我表露与家庭亲密度的关系研究

本研究结果显示,大学生自我表露总分与家庭亲密度呈显著正相关,大学生自我表露的态度和观点、兴趣和爱好、学习或工作、金钱、个性和身体6个因子与家庭亲密度均呈显著正相关,这说明家庭亲密度对大学生的自我表露水平有积极影响。

家庭对个体身心发展有重要影响。家庭亲密度高的大学生倾向于向他人吐露自己真实的想法,愿意敞开心扉,让他人了解自己。大学生将自己的情感、感受和想法表达出来,有利于其心理健康的积极发展。

回归分析结果显示,家庭亲密度可以有效预测大学生的自我表露。这说明家庭关系越亲密,自我表露水平就越高;家庭关系越松散,自我表露水平就越低。家庭亲密度高的大学生善于与他人交往,懂得如何排解自己的烦恼,因此,心理健康水平也就更高。

第八节 大学生自我建构与冲动性网络购物的关系研究

长期以来,大量学者从冲动性购买的商品类型、基本的人口统计学变量,以及消费者自身的冲动性购买特质(倾向)等方面进行了研究,但由于冲动性购买的复杂性,研究显得零碎和混乱。当前,冲动性购买特质与情境变量的相关研究逐步兴起,如研究不同购买特质者在不同情境因素下的购买反应。同时,冲动性购买的相关研究也在拓展,研究发现新产品的销售更多的是来自冲动性购买,心境和情绪会影响冲动性购买[1],文化会对冲动性购买特质与冲动性购买行为之间的关系起到调节作用[2]。

由于受成长环境和西方文化的影响,大学生表现出不同程度的独立性自我建构。而两种自我建构并存的现象在大学生身上更为明显,究其原因,可能是与大学生乐于尝试和接受新鲜事物的特点密切相关。因此,本研究从心理

---

[1] DONOVAN R J, ROSSITER J R, MARCOOLYN G, et al. Store Atmosphere and Purchasing Behavior[J]. Journal of Retailing, 1994, 70(3):283-294.

[2] ROOK D W. The Buying Impulse[J]. Journal of Consumer Research, 1987, 14(2):189-199.

学视角出发,探索大学生自我建构的特征,重点研究大学生自我建构类型对冲动性网络购物的影响,以期拓展自我建构理论、丰富消费者行为学中有关中国消费者冲动性购买的内容。

一、对象、工具与方法

(一)对象

本研究在国内某所高校中随机抽取具有网络购物经验的大学生进行现场问卷调查,并通过网络向部分高校发放网络问卷,共发放问卷450份,收回有效问卷385份。

(二)工具

1. 自我建构量表

自我建构采用中文版自我建构量表(Self-Constructionals Scale,SCS)进行测量。[①] 该量表共24个项目,包括独立自我建构、依赖自我建构2个分量表,采用7级评分法。依赖自我建构和独立自我建构分量表的内部一致性信度分别达到了0.76和0.81,总量表的内部一致性信度达到了0.88,因素分析表明两因子贡献率达到了63.18%。

2. 冲动性购买倾向量表

冲动性购买倾向采用景奉杰和岳海龙2005年修订的中国消费者冲动性购买倾向量表(Impulsive Purchase Propensity Scale,IPPS)进行测量。[②] 该量表共26个项目,包括认知成分和情感成分2个分量表,采用7级评分法。反向计分调整后,将26个项目的总分作为被试的冲动性购买倾向得分。该量表的内部一致性信度为0.80。

(三)方法

采用SPSS 17.0统计软件进行数据处理和分析。

二、结果

(一)大学生冲动性购买倾向的总体情况

对大学生冲动性购买倾向各因子及其总分进行描述性统计,结果如

---

① 王裕豪,袁庆华,徐琴美.自我建构量表(SCS)中文版的初步试用[J]. Chinese Journal of Clinical Psychology,2008,16(6):602-604.
② 景奉杰,岳海龙.中国消费者冲动性购买倾向量表的研究[J].财政研究,2005(5):37-40.

表 2-8-1 所示。

表 2-8-1 大学生冲动性购买倾向的总体情况($n=385$)

	均值	标准差
认知成分	50.70	6.22
情感成分	46.43	12.87
冲动性购买倾向总分	97.13	16.60

(二)大学生冲动性购买倾向在人口统计学变量上的差异比较

1. 大学生冲动性购买倾向在性别上的差异

采用独立样本 t 检验,对自我建构、冲动性购买倾向进行人口统计学变量上的差异比较(见表 2-8-2)。结果发现,女生冲动性购买倾向的情感成分得分显著高于男生;冲动性购买倾向总分与认知成分没有出现性别差异;自我建构总分及其各因子在性别上没有差异。

表 2-8-2 大学生冲动性购买倾向在性别上的差异($n=385$)

	性别	n	均值	t
冲动性购买倾向总分	男	188	95.45	1.95
	女	197	98.73	
情感成分	男	188	44.46	-2.97*
	女	197	48.32	
认知成分	男	188	50.99	0.90
	女	197	50.42	
自我建构总分	男	188	119.75	0.01
	女	197	119.74	
独立自我建构	男	188	58.24	1.48
	女	197	56.69	
依赖自我建构	男	188	61.51	-1.60
	女	197	63.05	

2. 大学生冲动性购买倾向在月开销上的差异

月开销不同的被试在冲动性购买倾向上存在显著差异[见表 2-8-3,$F(3,381)=5.22,P<0.05$]。事后检验表明,月开销在 1001~1500 元之间的被试冲动性购买倾向得分显著高于月开销在 500 元及以下、501~1000 元的被试;月开销在 1500 元以上的被试冲动性购买倾向得分显著高于月开销在 500 元及以下、501~1000 元的被试。不同年级、专业、网龄、日均上网时间及近半年

网购次数的被试的冲动性购买倾向均未表现出显著差异。

表 2-8-3 大学生冲动性购买倾向在月开销上的差异检验

因变量	月开销(I)	月开销(J)	均值差(I−J)	标准差	P	多重比较
冲动性购买倾向	500元及以下	501~1000元	−5.39	3.56	0.13	
		1001~1500元	−9.90*	3.76	0.01	
		1500元以上	−17.54*	5.54	0.00	
	501~1000元	500元及以下	5.39	3.56	0.13	1<3
		1001~1500元	−4.52*	1.91	0.02	1<4
		1500元以上	−12.15*	4.49	0.01	2<3
	1001~1500元	500元及以下	9.90*	3.76	0.01	2<4
		501~1000元	4.52*	1.91	0.02	
		1500元以上	−7.63	4.65	0.10	
	1500元以上	500元及以下	17.54*	5.54	0.00	
		501~1000元	12.15*	4.49	0.00	
		1001~1500元	7.63	4.65	0.10	

注:1表示月开销在500元及以下,2表示月开销在501~1000元,3表示月开销在1001~1500元,4表示月开销在1500元以上。

(三) 大学生自我建构与冲动性购买倾向的相关分析

由表 2-8-4 可知,独立自我建构与冲动性购买倾向的情感成分存在显著正相关,与认知成分及冲动性购买倾向总分存在极显著正相关,关系十分密切。依赖自我建构与冲动性购买倾向的情感成分无显著相关,与认知成分存在极显著正相关,与冲动性购买倾向总分存在显著正相关。自我建构总分与冲动性购买倾向的情感成分无显著相关,与认知成分及冲动性购买倾向总分存在极显著正相关,关系十分密切。

表 2-8-4 大学生自我建构与冲动性购买倾向的相关分析

	独立自我建构	依赖自我建构	自我建构总分	情感成分	认知成分	冲动性购买倾向总分
独立自我建构	1					
依赖自我建构	0.51**	1				
自我建构总分	0.88**	0.86**	1			

第二章 大学生自我的研究

续表

	独立自我建构	依赖自我建构	自我建构总分	情感成分	认知成分	冲动性购买倾向总分
情感成分	0.10*	0.05	0.09	1		
认知成分	0.16**	0.17**	0.19**	0.45**	1	
冲动性购买倾向总分	0.14**	0.10*	0.14**	0.94**	0.72**	1

(四)大学生自我建构与冲动性购买倾向的回归分析

自我建构各个因子和冲动性购买倾向总分呈显著相关,初步具备了回归分析的条件。为了更加深入地了解大学生自我建构与冲动性购买倾向的关系,以冲动性购买倾向为因变量,以独立自我建构、依赖自我建构、自我建构总分为自变量进行逐步回归分析。经过筛选,只有独立自我建构进入了回归方程,详见表 2-8-5。

表 2-8-5 大学生自我建构与冲动性购买倾向的回归分析

模型	R	R^2	ΔR^2	B	标准差	β	t
常量	0.14	0.02	0.02	84.25	4.73	—	17.79***
独立自我建构				0.22	0.08	0.14	2.77**

由表 2-8-5 可知,独立自我建构进入了回归方程,并且回归方程显著($P<0.01$),说明该回归模型是有效的。独立自我建构的决定系数为 0.02,说明独立自我建构能解释冲动性购买倾向 2% 的变异量。逐步回归分析所获得的回归方程为:冲动性购买倾向=84.25+0.08×独立自我建构。

三、讨论

(一)大学生冲动性网络购物的情况

本研究以大学生为研究对象,其冲动性购买倾向情感成分、认知成分、冲动性购买倾向总分的平均分分别为 46.43、50.70、97.13。与孔寅平、陈毅文的研究结果相比[1],本研究中的冲动性购买倾向各因子及其总分处于较高水平,认知成分和情感成分对冲动性购买倾向具有重要的影响。

对冲动性购买倾向进行人口统计学变量上的差异检验发现:月开销在

---

[1] 孔寅平,陈毅文.大学生产品卷入度对冲动性网络购物的影响[J].人类工效学,2010,16(9):27-31.

1001～1500元之间的被试冲动性购买倾向得分显著高于月开销在500元及以下、501～1000元的被试；月开销在1500元以上的被试冲动性购买倾向得分显著高于月开销在500元及以下、501～1000元的被试。分析其原因发现，消费者的物质富裕程度可能对冲动性购买有重要影响，月开销越高的被试可支配的金钱越多，资源可支配性越强，所以这些被试的冲动性购买倾向得分也较高。这一结果与孔寅平、陈毅文的研究结果一致。大学生冲动性购买倾向情感成分在性别上存在显著差异。这也许是因为女生比男生情感更为细腻丰富，喜欢购物是女生的天性，因此，女生冲动性购买倾向情感成分的得分显著高于男生。

（二）大学生自我建构与冲动性购买倾向的关系

本研究结果显示，独立自我建构与冲动性购买倾向的情感成分存在显著正相关，与认知成分及冲动性购买倾向总分存在极显著正相关；依赖自我建构与冲动性购买倾向的情感成分无显著相关，与认知成分存在极显著正相关，与冲动性购买倾向总分存在显著正相关；自我建构总分与冲动性购买倾向的情感成分无显著相关，与认知成分及冲动性购买倾向总分存在极显著正相关。这一研究结果与熊素红、景奉杰的研究结果一致。[①] 究其原因，可能是因为独立自我建构因子得分越高的被试较少考虑别人对自己行为的态度，更多地根据自己的爱好、兴趣做事，不愿意过多地压制自己的偏好，因此，在网络购物中，独立自我建构因子得分越高的被试的冲动性购买倾向水平就越高。依赖自我建构因子得分越高者对社会规范更敏感，更多地考虑别人的态度、意见及看法，有更大意愿遵从社会规范。但由于网络购物缺乏清晰的社会规范，不同的被试可能存在不同的理解。

本研究以自我建构总分及其各因子为自变量，以冲动性购买倾向为因变量进行回归分析，结果独立自我建构进入了回归方程，并且回归方程显著（$P<0.01$），说明该回归模型是有效的。独立自我建构的决定系数为0.02，说明独立自我建构能解释冲动性购买倾向2%的变异量。显然，2%的预测力有限，所以现实意义不大。这可能与本研究的样本太小、测量不够精确有关。

---

① 熊素红,景奉杰.自我建构对群体购买环境中冲动性购买行为的影响[J].情报杂志,2009,28(11):198-202.

第九节 大学生学业自我效能感与成就动机的关系研究

学业自我效能感是目前的研究热点。本研究旨在了解大学生学业自我效能感与成就动机的现状,探讨二者的关系,以期为提升大学生成就动机提供指导。

一、对象、工具与方法

(一)对象

研究对象来自国内某三所高校大一至大四的学生。为保证样本的代表性,采取分层抽样的方式抽取被试。共发放问卷450份,收回问卷441份,其中有效问卷397份,问卷有效率为90.02%。

(二)工具

1. 学业自我效能感量表

采用梁宇颂修订的学业自我效能感量表(Academic Self-Efficacy Scale, ASES)。该量表共22个项目,包括学习能力自我效能感和学习行为自我效能感两个因子,采用5级评分法,从"完全不符合"到"完全符合"依次记为1、2、3、4、5分。量表具有较好的信度和效度,学习能力自我效能感和学习行为自我效能感的内部一致性信度分别为0.82和0.75,总量表的内部一致性信度为0.88。

2. 成就动机量表

采用叶仁敏修订的成就动机量表(Achievement Motive Scale, AMS),共30道题。成就动机分为追求成功动机(MS)和回避失败动机(MF)两个因子,每个因子15道题,采用4级评分法,从"完全不符合"到"完全符合"依次记为1、2、3、4分。得分越高,表明这类动机越强。成就动机的总分MA=MS-MF。总量表的内部一致性信度为0.74。

(三)方法

采用SPSS 17.0统计软件进行数据处理和分析。

二、结果

(一)大学生学业自我效能感的状况分析

1. 大学生学业自我效能感的总体状况

对大学生在学业自我效能感的两个因子上的得分进行描述性统计,结果见表2-9-1。结果表明,学习能力自我效能感得分高于学习行为自我效能感。

表2-9-1 大学生学业自我效能感的总体状况

	均值	标准差
学习能力自我效能感	38.70	6.37
学习行为自我效能感	34.79	4.62

2.大学生学业自我效能感在不同人口统计学变量上的差异分析

为了比较不同年级的大学生在学业自我效能感两个因子上的差异,本研究进行了单因素方差检验,并在获得显著差异的基础上进行多重检验,结果见表2-9-2。

表2-9-2 大学生学业自我效能感在年级上的差异检验($M \pm SD$)

年级	人数	学习能力自我效能感	F	多重比较	学习行为自我效能感	F
大一	98	36.56±6.08		2>1	34.54±4.19	
大二	104	38.80±6.04	8.71***	3>1	35.40±4.84	0.87
大三	120	40.78±7.20		3>2	34.67±4.89	
大四	75	38.02±6.37		3>4	34.45±4.38	

注:1、2、3、4分别代表大一、大二、大三、大四学生。

表2-9-2显示,大学生的学习能力自我效能感在不同年级之间具有显著差异,大三得分最高,然后依次为大二、大四、大一;大学生的学习行为自我效能感在不同年级之间没有表现出显著差异,得分由高到低依次为大二、大三、大一、大四。同时,四个年级大学生的学习能力自我效能感得分都高于学习行为自我效能感。

对不同家庭居住地、专业、性别、是否独生、是否担任学生干部的大学生在学业自我效能感两个因子上的得分进行独立样本t检验,结果见表2-9-3。

表2-9-3 大学生学业自我效能感在家庭居住地、专业、性别、是否独生、是否担任学生干部上的差异检验($M \pm SD$)

变量	类别	人数	学习能力自我效能感	t	学习行为自我效能感	t
家庭居住地	城市	103	40.53±7.27	3.44***	35.07±4.78	0.71
	乡镇	294	38.70±5.90		34.69±4.56	

第二章 大学生自我的研究

续表

变量	类别	人数	学习能力 自我效能感	t	学习行为 自我效能感	t
专业	理科	141	38.14±6.22	−1.30	34.45±4.34	−1.07
	文科	256	39.01±6.43		34.97±4.76	
性别	男	57	37.07±8.29	−2.10*	34.25±5.83	−0.96
	女	340	38.97±5.96		34.88±4.39	
是否独生	是	162	38.49±6.53	−0.55	34.79±4.43	0.02
	否	235	38.85±6.26		38.70±5.90	
是否担任 学生干部	是	159	39.66±6.15	2.47*	35.50±4.43	2.54*
	否	238	38.06±6.44		34.31±4.69	

由表 2-9-3 可知，家庭居住地在城市、乡镇的大学生在学习能力自我效能感上存在显著差异，在学习行为自我效能感上不存在显著差异，且家庭居住地在城市的大学生在学业自我效能感的两个因子上的得分均高于家庭居住地在乡镇的大学生。男女大学生的学习能力自我效能感存在显著差异，学习行为自我效能感不存在显著差异；且女大学生在两个因子上的得分都高于男生。在担任学生干部方面，不同群体的大学生在学业自我效能感的两个因子上都存在显著差异，且学生干部的得分明显高于非学生干部的得分。在专业和是否独生子女两个方面，不同群体的大学生在学业自我效能感的两个因子上均不存在显著差异。

(二)大学生成就动机的状况分析

1. 大学生成就动机的总体状况

为了了解大学生成就动机的总体状况，对成就动机的两个因子及其总分进行描述性统计，结果见表 2-9-4。

表 2-9-4 大学生成就动机的总体状况

	均值	标准差
追求成功动机	39.58	5.33
回避失败动机	38.12	6.06
成就动机总分	1.46	7.99

2. 大学生成就动机在不同人口统计学变量上的差异分析

对不同年级的大学生在成就动机两个因子上的得分及其总分进行单因素

方差检验,在获得显著差异的基础上进行事后多重检验,结果见表 2-9-5。

表 2-9-5 大学生成就动机在年级上的差异检验($M\pm SD$)

年级	人数	追求成功动机	F	回避失败动机	F	成就动机总分	F
大一	98	38.46±4.81		38.26±6.12		0.20±8.58	
大二	104	40.79±5.87	9.29***	38.74±7.04	0.66	2.05±8.29	3.68*
大三	120	40.73±5.36		37.71±5.52		3.03±7.35	
大四	75	37.55±4.19		37.75±5.36		−0.20±7.31	

从表 2-9-5 中可以看出,不同年级的大学生在追求成功动机和成就动机总分的得分上均存在显著差异。其中,追求成功动机得分由高到低依次为大二、大三、大一、大四;成就动机总分由高到低依次为大三、大二、大一、大四。四个年级在回避失败动机的得分上均没有明显差异,大三学生得分最低。大一至大三的成就动机总分都大于 0,只有大四小于 0,表明大四的成就动机较弱。

对不同家庭居住地、专业、性别、是否独生、是否担任学生干部的大学生在成就动机两个因子及其总分上的得分进行独立样本 t 检验,结果见表 2-9-6。

表 2-9-6 大学生成就动机在家庭居住地、专业、性别、是否独生、是否担任学生干部上的差异检验($M\pm SD$)

变量	类别	人数	追求成功动机	t	回避失败动机	t	成就动机总分	t
家庭居住地	城市	103	40.85±5.15	2.83**	36.71±6.35	−2.77**	4.15±7.61	4.03***
	乡镇	294	39.14±5.33		38.62±5.89		0.52±7.92	
专业	理科	141	39.16±5.51	−1.19	36.42±7.11	4.24***	2.74±9.97	2.37*
	文科	256	39.82±5.23		39.06±5.18		0.76±6.58	
性别	男	57	39.53±5.73	−0.09	36.82±6.49	−1.75	2.70±8.02	1.27
	女	340	39.59±5.27		38.34±5.97		1.26±7.98	
是否独生	是	162	39.76±5.56	0.54	38.64±6.31	1.41	1.12±8.18	−7.03
	否	235	39.46±5.33		37.77±5.87		1.70±7.99	
是否担任学生干部	是	159	40.81±5.59	3.81***	37.93±6.97	0.51	2.88±9.18	2.91**
	否	238	38.76±4.99		38.25±5.38		0.52±6.95	

由表 2-9-6 可知,家庭居住地在城市、乡镇的大学生在成就动机的两个因子及其总分上均有显著差异。在追求成功动机和成就动机总分上,家庭居住

地在城市的大学生的得分高于乡镇的大学生,二者在成就动机总分上的差异更明显;而家庭居住地在乡镇的大学生回避失败动机的得分高于城市的大学生。在专业方面,理科与文科的大学生在回避失败动机与成就动机总分上存在显著差异。在担任学生干部方面,不同群体的大学生在追求成功动机与成就动机总分上均存在显著差异,而且学生干部的得分明显高于非学生干部。在性别与是否独生两个方面,不同群体的大学生在成就动机的两个因子及其总分上均不存在显著差异。

(三)大学生学业自我效能感和成就动机的关系研究

1. 大学生学业自我效能感和成就动机的相关分析

采用皮尔逊积差相关分析大学生学业自我效能感和成就动机之间的关系,结果见表2-9-7。

表2-9-7　大学生学业自我效能感与成就动机的相关分析

	学习能力自我效能感	学习行为自我效能感	追求成功动机	回避失败动机	成就动机总分
学习能力自我效能感	1				
学习行为自我效能感	0.37**	1			
追求成功动机	0.49**	0.31**	1		
回避失败动机	−0.21**	0.17**	0.02	1	
成就动机总分	0.48**	0.08	0.65**	−0.75**	1

由表2-9-7可知,学业自我效能感的两个因子分别与成就动机的两个因子之间存在显著相关,且都与追求成功动机的相关性最高;追求成功动机与学习能力自我效能感和学习行为自我效能感都存在显著正相关;回避失败动机与学习能力自我效能感存在显著负相关,与学习行为自我效能感存在显著正相关;成就动机总分与学习能力自我效能感存在显著正相关,但是与学习行为自我效能感相关性不显著。

2. 大学生学业自我效能感与成就动机的回归分析

为进一步探究学业自我效能感的两个因子对成就动机的两个因子是否有显著的预测作用,以学业自我效能感的两个因子为自变量,以成就动机的两个因子及其总分为因变量进行回归分析,结果见表2-9-8。

表 2-9-8 大学生学业自我效能感各因子与成就动机各因子的回归分析

自变量	因变量	B	β	R	R^2	F
学习能力自我效能感	追求成功动机	0.36	0.43***	0.51	0.26	67.66***
学习行为自我效能感		0.18	0.16***			
学习能力自我效能感	回避失败动机	−0.30	−0.32***	0.34	0.12	25.73***
学习行为自我效能感		0.38	0.30***			
学习能力自我效能感	成就动机总分	0.66	0.53***	0.50	0.25	63.95***
学习行为自我效能感		−0.20	−0.11*			

由表 2-9-8 可知,学习能力自我效能感和学习行为自我效能感对追求成功动机、回避失败动机和成就动机总分都有有效的预测作用,分别可以解释 26％、12％、25％的变异量。

三、讨 论

(一)大学生学业自我效能感的现状

1.大学生学业自我效能感在年级上的差异比较

本研究结果表明,大学生的学习能力自我效能感在不同年级之间具有显著差异。这与肖志玲的研究结果基本一致。[①] 大三学生的学习能力自我效能感显著高于其他三个年级的学生。这是由于大三的学生在经过了两年的大学学习与生活之后,对大学这种宽松的学习环境已经适应,有了一套属于自己的学习与生活方式,他们比大一、大二的学生对大学的学习有更为充分的认识与了解,因而他们拥有了可以取得较好成绩的信心和判断,暂且没有就业压力。对于大学生学习行为自我效能感而言,不同年级大学生在学习行为自我效能感上没有表现出显著差异。这一点与张梅英的研究结果是一致的。[②] 四个年级的学生在学习行为自我效能感上的得分相差较小,其中大二学生的得分最高。这是因为大二学生的课业繁重,相应的学习行为就更加频繁。

2.大学生学业自我效能感在家庭居住地上的差异比较

本研究表明,不同家庭居住地的大学生在学习能力自我效能感上存在显著差异,在学习行为自我效能感上不存在显著差异。究其原因可能如下:就学习能力自我效能感而言,来自城市的大学生一般具有乐观、自信的特点,他们

---

① 肖志玲.大学生学业自我效能感与成就动机的关系研究[D].武汉:华中师范大学,2002.
② 张梅英.大学生学业自我效能感与成就动机的关系[J].太原大学学报,2006,7(2):61-63.

第二章 大学生自我的研究

对于自己完成学习任务的能力持肯定态度;而来自乡镇的大学生比较内向、腼腆,缺少自信心。就学习行为自我效能感而言,学习是个人的事情,大学生进入大学后,无论是来自城市的大学生还是来自乡镇的大学生,他们都处于相似的环境中,接受着类似的教育,因而他们在学习行为自我效能感上并不存在显著差异。

3. 大学生学业自我效能感在性别上的差异比较

本研究表明,不同性别大学生在学习能力自我效能感上存在显著差异,在学习行为自我效能感上不存在显著差异。由于本研究中男女生人数相差太大,故不做深入的讨论。

4. 大学生学业自我效能感在是否独生子女上的差异比较

目前,有关大学生学业自我效能感的独生子女研究在我国尚未见相关报道。本研究表明,在是否独生子女方面,不同群体的大学生在学业自我效能感的两个因子上均不存在显著差异。究其原因,在现代社会教育资源丰富的情况下,是否独生子女并不会影响大学生的学业自我效能感。

5. 大学生学业自我效能感在是否担任学生干部上的差异比较

目前,有关大学生学业自我效能感的学生干部研究在我国尚未见相关报道。本研究表明,担任学生干部的大学生的学业自我效能感的两个因子的得分均显著高于非学生干部的得分。这可能是由于大多数学生干部学习能力较强,平时会抽出更多的时间来读书。

(二)大学生成就动机的现状

1. 大学生成就动机在年级上的差异比较

本研究表明,不同年级的大学生在追求成功动机上存在显著差异。其中,追求成功动机的得分由高到低依次为大二、大三、大一、大四。这是因为,大二学生用一年时间适应了大学的生活,且该年级段专业课程多,大学生为了学到有用的专业知识,会更加努力与上进;大三学生大多有了自己的人生规划,并开始为之而努力;大一学生正处于适应新环境的时期;大四学生即将踏入社会,就业焦虑影响了追求成功动机。

不同年级的大学生在成就动机总分上存在显著差异,在回避失败动机上差异不显著。成就动机总分由高到低依次为大三、大二、大一、大四。在回避失败动机上,大三学生得分较低。大三学生即将面临就业,表现得更为谨慎,因此会尽量回避失败。

2. 大学生成就动机在专业上的差异比较

本研究表明,不同专业的大学生在追求成功动机上不存在显著差异,在回避失败动机和成就动机总分上存在显著差异。在成就动机总分上,理科学生的得分显著高于文科学生;在回避失败动机上,理科学生的得分比文科学生低。笔者认为,理科学生比文科学生更加敏锐,他们有非常明确的目标任务,所以理科学生的成就动机总分明显高于文科学生,其回避失败动机的得分也较低。

3. 大学生成就动机在家庭居住地上的差异比较

目前,有关大学生成就动机的家庭居住地研究在我国尚未见相关报道。本研究表明,不同家庭居住地的大学生在成就动机两个因子及其总分上均存在显著差异。具体表现为:在追求成功动机与成就动机总分上,家庭居住地在城市的大学生的得分显著高于乡镇的大学生;在回避失败动机上,家庭居住地在城市的大学生的得分显著低于乡镇的大学生。究其原因可能如下:城市生活压力更大,城市的大学生需要更多的成就动机才能在城市立足;乡镇的大学生即使失败还可以回乡镇生活,所以他们的成就动机没有那么强烈。

4. 大学生成就动机在性别上的差异比较

本研究表明,不同性别的大学生在成就动机的两个因子及其总分上均不存在显著差异。这与景怀斌的研究结果不同。① 本研究的男女生人数相差太大,因此不做深入的讨论。

5. 大学生成就动机在是否独生子女上的差异比较

目前,有关大学生成就动机的独生子女研究在我国尚未见相关报道。本研究表明,是否独生子女在成就动机的两个因子及其总分上均不存在显著差异。在成长中,大学生们的学习方法类似,因而不管是不是独生子女,他们在成就动机上都无显著差异。

6. 大学生成就动机在是否担任学生干部上的差异比较

本研究表明,学生干部和非学生干部在追求成功动机和成就动机总分上均存在显著差异,在回避失败动机上不存在显著差异。究其原因可能是,学生干部希望自己在学生工作中表现突出,非学生干部就没有那么高的热情,他们倾向于平淡地度过自己的大学生活。

(三)大学生学业自我效能感和成就动机的关系研究

1. 大学生学业自我效能感和成就动机的相关分析

由大学生学业自我效能感与成就动机的相关分析看出,学业自我效能感的两个因子分别与成就动机的两个因子之间存在显著相关。

---

① 景怀斌. 中国人成就动机性别差异研究[J]. 心理科学,1995(1):180-182.

其中,追求成功动机与学习能力自我效能感和学习行为自我效能感都存在显著正相关;回避失败动机与学习能力自我效能感存在显著负相关,与学习行为自我效能感存在显著正相关;成就动机总分与学习能力自我效能感存在显著正相关,但是与学习行为自我效能感相关性不显著。该结果与张梅英的研究结果基本一致。这就说明学业自我效能感高的大学生往往对自己充满了信心,认为自己有足够的能力去解决学习中遇到的困难,可以很好地完成学业,在面对困境时会采取积极主动的态度,因而他们追求成功的动机就越强。

学习能力自我效能感越高,回避失败动机就越低。这说明学习能力较强的个体在面对困难时不会过多地考虑失败的后果,他们相信自己有能力克服困难并取得成功。

2. 大学生学业自我效能感和成就动机的回归分析

从回归分析得出,学业自我效能感对追求成功动机、回避失败动机和成就动机总分有一定的预测作用。学习能力自我效能感高的大学生,其追求成功动机和成就动机总分就越高,回避失败动机就越低。因为学业自我效能感高的大学生往往对自己充满了信心,认为自己有能力解决在学习中遇到的困难。

第十节 师范院校大学生创意自我效能感与专业认同、成就动机的关系研究

随着社会的不断发展,创造力在人类发展进程中的重要作用逐渐被人们所认识。但当下大学生并未广泛地具备创造性思维,因此我们需要对其进行多元化、全方位的分析和了解。创意自我效能感对创造性行为具有激励作用,对其进行研究就显得很有必要。我国高校按专业分类教学,学生大多不能自由调换专业。而专业认同对于大学生在大学期间的成长十分重要。成就动机作为一种重要的动机,对于人的行为具有驱动作用。因此,研究创意自我效能感、专业认同、成就动机这三者的关系,对于指导师范院校大学生的创造性行为、专业学习具有重要意义。本研究通过了解师范院校大学生创意自我效能感、专业认同、成就动机的基本情况及特点,期望能为师范院校大学生的专业学习和我国高等教育的发展提供一定的指导和建议。

一、对象、工具与方法

(一) 对象

在国内某三所师范院校随机发放问卷450份,收回问卷350份,剔除无效

问卷后最终获得有效问卷 335 份,问卷有效率为 95.7%。

(二)工具

1. 创意自我效能感量表

采用王艳芳修订的大学生创意自我效能感量表(Creative Self-Efficacy Scale,CSES)。该量表由 12 个项目组成,包括能力效能、认知效能、任务效能 3 个因子,采用 5 级评分法。修订后的量表具有良好的信度和效度,内部一致性信度为 0.87。

2. 专业认同量表

采用秦攀博编制的大学生专业认同量表(Professional Identity Scale,PIS)。该量表由 23 个项目组成,包括认知性、情感性、行为性、适切性 4 个因子,采用 5 级评分法。量表的信度和效度较好,内部一致性信度为 0.92。

3. 成就动机量表

具体介绍见第二章第九节。

(三)方法

研究者担任主试,在各班进行施测。主试先宣读指导语,解释量表结构,强调测试过程中的注意事项。被试采用匿名答卷的方式,独立完成问卷,并当场提交问卷。采用 SPSS 17.0 统计软件进行统计分析。

二、结果

(一)师范院校大学生的创意自我效能感研究

1. 师范院校大学生创意自我效能感的基本情况

师范院校大学生创意自我效能感的总体情况详见表 2-10-1。

表 2-10-1 师范院校大学生创意自我效能感的描述性统计($n=335$)

	最小值	最大值	均值	标准差
创意自我效能感总分	1.17	4.92	3.45	0.52
能力效能	1.00	5.00	3.42	0.70
认知效能	1.00	5.00	3.37	0.65
任务效能	1.25	5.00	3.58	0.67

从表 2-10-1 中可以看出,创意自我效能感总分在 1.17~4.92 分,平均分为 3.45 分;能力效能的得分在 1~5 分,平均分为 3.42 分;认知效能的得分在

1~5分,平均分为3.37分;任务效能的得分在1.25~5分,平均分为3.58分。

2.师范院校大学生创意自我效能感在人口统计学变量上的差异检验

为进一步了解师范院校大学生创意自我效能感在人口统计学变量上的差异情况,对不同性别、年级、是否自愿选择专业的师范院校大学生的创意自我效能感进行差异检验,结果详见表2-10-2。

表2-10-2 师范院校大学生创意自我效能感在人口统计学变量上的差异检验($M\pm SD$)

		创意自我效能感总分	能力效能	认知效能	任务效能
性别	男	3.53±0.61	3.52±0.79	3.47±0.72	3.59±0.69
	女	3.43±0.49	3.38±0.66	3.33±0.61	3.57±0.66
	t	1.55	1.61	1.81	0.21
年级	大一	3.44±0.56	3.36±0.74	3.39±0.68	3.59±0.68
	大二	3.45±0.49	3.45±0.66	3.33±0.60	3.59±0.66
	大三	3.46±0.53	3.47±0.68	3.40±0.63	3.50±0.72
	大四	3.48±.49	3.47±0.68	3.34±0.68	3.64±0.59
	F	0.06	0.52	0.22	0.42
是否自愿选择专业	是	3.47±0.53	3.43±0.72	3.37±0.66	3.59±0.68
	否	3.42±0.51	3.39±0.64	3.33±0.63	3.55±0.65
	t	0.75	0.56	0.61	0.57

由表2-10-2可知,师范院校大学生的创意自我效能感总分及其各因子在性别、年级、是否自愿选择专业上没有显著差异。

(二)师范院校大学生的专业认同研究

1.师范院校大学生专业认同的基本情况

为了了解师范院校大学生专业认同的基本情况,对专业认同及其各因子进行描述性统计,结果详见表2-10-3。

表2-10-3 师范院校大学生专业认同的描述性统计($n=335$)

	最小值	最大值	均值	标准差
专业认同	1.70	4.83	3.48	0.53
认知性	1.00	5.00	3.70	0.67
情感性	1.00	5.00	3.59	0.71
行为性	1.00	4.83	3.30	0.68
适切性	1.00	5.00	3.27	0.73

由表 2-10-3 可知,师范院校大学生专业认同的平均分为 3.48 分,总体上处于中等偏上水平。认知性、情感性、行为性、适切性四个因子的平均分分别为 3.70、3.59、3.30、3.27 分,均处于中等偏上水平。

2. 师范院校大学生的专业认同在人口统计学变量上的差异检验

为进一步了解师范院校大学生的专业认同及其各因子在性别、年级、是否自愿选择专业等人口统计学变量上的差异情况,采用独立样本 t 检验、单因素方差分析进行差异检验,结果见表 2-10-4。

表 2-10-4　师范院校大学生的专业认同在人口统计学变量上的差异检验($n=335$)

		专业认同	认知性	情感性	行为性	适切性
性别	男	3.47±0.53	3.65±0.73	3.55±0.68	3.29±0.74	3.36±0.71
	女	3.49±0.54	3.72±0.65	3.61±0.72	3.31±0.66	3.24±0.74
	t	−0.26	−0.83	−0.64	−0.13	1.26
年级	大一	3.46±0.53	3.67±0.67	3.59±0.69	3.31±0.65	3.19±0.75
	大二	3.52±0.483	3.71±0.72	3.68±0.67	3.27±0.67	3.32±0.66
	大三	3.51±0.60	3.70±0.67	3.60±0.74	3.34±0.75	3.38±0.75
	大四	3.43±0.57	3.76±0.59	3.39±0.78	3.30±0.73	3.30±0.81
	F	0.39	0.23	1.78	0.14	1.09
是否自愿选择专业	是	3.53±0.53	3.72±0.64	3.67±0.70	3.33±0.71	3.35±0.71
	否	3.36±0.53	3.65±0.74	3.41±0.70	3.23±0.60	3.10±0.75
	t	2.85**	0.96	3.18**	1.32	2.86**

对师范院校大学生的专业认同进行差异检验,结果表明:师范院校大学生的专业认同在性别、年级上没有显著差异;师范院校大学生的专业认同在是否自愿选择专业上有极显著差异,其中情感性因子和适切性因子在是否自愿选择专业上差异极显著。

(三)师范院校大学生的成就动机研究

1. 师范院校大学生成就动机的基本情况

为了了解师范院校大学生成就动机的基本情况,本研究对成就动机各因子及其总分进行描述性统计,结果详见表 2-10-5。

表 2-10-5　师范院校大学生成就动机的描述性统计($n=335$)

	最小值	最大值	均值	标准差
成就动机总分	−0.93	1.37	0.03	0.31
追求成功动机	1.53	3.93	2.69	0.42
回避失败动机	1.00	3.93	2.63	0.47

第二章 大学生自我的研究

2. 师范院校大学生的成就动机在人口统计学变量上的差异检验

为进一步了解成就动机总分及其各因子在性别、是否自愿选择专业等人口统计学变量上的差异情况,采用独立样本 t 检验、单因素方差分析进行差异检验,结果见表 2-10-6。

表 2-10-6　师范院校大学生成就动机在人口统计学变量上的差异检验($n=335$)

		追求成功动机	回避失败动机	成就动机总分
性别	男	2.75±0.45	2.66±0.51	0.05±0.33
	女	2.66±0.40	2.62±0.45	0.02±0.30
	t	1.62	0.67*	0.58
是否自愿选择专业	是	2.72±0.40	2.62±0.49	0.05±0.32
	否	2.61±0.44	2.64±0.40	−0.012±0.28
	t	2.17*	−0.30	0.53

对成就动机进行差异检验,结果显示:师范院校大学生的回避失败动机在性别上差异显著,追求成功动机在是否自愿选择专业上差异显著。

(四)师范院校大学生的创意自我效能感与专业认同、成就动机的关系研究

1. 师范院校大学生的创意自我效能感与专业认同、成就动机的相关分析

为了了解师范院校大学生的创意自我效能感、专业认同、成就动机三者的关系,对实验数据进行相关分析,结果见表 2-10-7。

表 2-10-7　师范院校大学生的创意自我效能感、专业认同、成就动机的相关分析($n=335$)

	创意自我效能感	能力效能	认知效能	任务效能	专业认同	成就动机
创意自我效能感	1					
能力效能	0.79**	1				
认知效能	0.74**	0.36**	1			
任务效能	0.80**	0.46**	0.40**	1		
专业认同	0.47**	0.41**	0.31**	0.38**	1	
成就动机	0.26**	0.21**	0.10	0.30**	0.21**	1

由表 2-10-7 可知,创意自我效能感、专业认同、成就动机三者之间的相关

性达到了0.01的显著水平。其中，创意自我效能感及其各因子均与专业认同呈显著正相关，即创意自我效能感高的师范院校大学生其专业认同感也相对较高。创意自我效能感与成就动机呈显著正相关，即创意自我效能感高的师范院校大学生其成就动机也较强。专业认同与成就动机也呈显著正相关，就是说专业认同感高的师范院校大学生其成就动机也相对较强。

2. 师范院校大学生的创意自我效能感与专业认同、成就动机的回归分析

为了了解师范院校大学生的专业认同与创意自我效能感的关系，以专业认同为自变量、创意自我效能感为因变量进行线性回归分析，结果见表2-10-8。

表2-10-8 师范院校大学生的专业认同与创意自我效能感的回归分析

自变量	R^2	ΔR^2	F	B	β	t
专业认同	0.23	0.22	96.58***	0.24	0.47	9.83***

由表2-10-8可知，专业认同对创意自我效能感具有正向预测作用，专业认同对创意自我效能感的解释变异量为23%，且专业认同对创意自我效能感的回归效果达到了显著水平，即专业认同能很好地预测创意自我效能感。

为了了解师范院校大学生的专业认同与成就动机的关系，以专业认同为自变量、成就动机为因变量进行线性回归分析，结果见表2-10-9。

表2-10-9 师范院校大学生的专业认同与成就动机的回归分析

自变量	R^2	ΔR^2	F	B	β	t
专业认同	0.05	0.04	15.51***	0.16	0.04	3.94***

由表2-10-9可知，专业认同对成就动机具有正向预测作用，专业认同能解释成就动机5%的变异量，且专业认同对成就动机的回归效果达到了显著水平，即专业认同对成就动机具有很好的预测作用。

为了了解师范院校大学生的成就动机与创意自我效能感的关系，以成就动机为自变量、创意自我效能感为因变量进行线性回归分析，结果见表2-10-10。

表2-10-10 师范院校大学生的成就动机与创意自我效能感的回归分析

自变量	R^2	ΔR^2	F	B	β	t
成就动机	0.07	0.07	24.41***	0.18	0.26	4.94***

从表2-10-10可以看出，成就动机对创意自我效能感有正向预测作用，成就动机对创意自我效能感的解释变异量为7%，且成就动机对创意自我效能感

的回归效果达到了显著水平,即成就动机能很好地预测创意自我效能感。

3.构建创意自我效能感、专业认同、成就动机三者的关系模型

中介变量是自变量对因变量发生影响的中介。如果变量 X 的改变会影响变量 Y,则称 X 和 Y 存在相关,而且 Y 是 X 的因变量;如果 X 通过影响变量 M,进而影响变量 Y,那么 M 就是 X 与 Y 之间的中介变量。当控制了 M 后,X 对 Y 的影响依然显著,则称 M 是部分中介变量;当控制了 M 后,X 对 Y 不存在显著影响,则称 M 是完全中介变量。

确定中介变量需满足三个条件:①在第一个回归方程中,自变量能显著预测中介变量;②在第二个回归方程中,自变量能显著预测因变量;③在第三个回归方程中,把中介变量引入回归方程时,自变量和因变量之间的相关系数或回归系数显著降低,若降低了仍显著,则中介变量起了部分中介作用,若不显著了,则中介变量起了完全中介作用。

以专业认同为自变量、创意自我效能感为因变量、成就动机为中介变量,根据上述中介变量的检验程序,对本研究中表 2-10-8、表 2-10-9 的结果进行分析,结果发现:在表 2-10-8 中,自变量专业认同能显著预测因变量创意自我效能感,解释变异量为 23%;在表 2-10-9 中,自变量专业认同能够显著预测中介变量成就动机,解释变异量为 5%;已经满足前两个条件,第三步将成就动机引入回归方程中,结果如表 2-10-11 所示。

表 2-10-11 师范院校大学生的专业认同、成就动机与创意自我效能感的回归分析

顺序变量	R^2	ΔR^2	B	β	t
专业认同	0.23	0.22	0.22	0.44	9.03***
成就动机	0.25	0.25	0.12	0.17	3.48**

由表 2-10-11 可知,在回归方程中引入成就动机后,专业认同、成就动机对因变量创意自我效能感的联合解释变异量为 25%,较之前的 23% 有了显著提高。同时,自变量专业认同与因变量创意自我效能感之间的关系减弱了,回归系数由 0.47 下降为 0.44,且 $P<0.001$。因此,成就动机只起部分中介作用,即对因变量创意自我效能感的作用只有部分是通过中介变量成就动机实现的。由此可见,成就动机在专业认同对创意自我效能感的影响中发挥着重要的中介作用。

通过三个变量两两之间的回归分析,得出如下结论:专业认同对创意自我效能感的正向预测达到了 0.001 的显著水平,且专业认同对创意自我效能感的解释变异量为 23%;专业认同对成就动机的正向预测达到了 0.001 的显著

水平,且专业认同对成就动机的解释变异量为5%;成就动机对创意自我效能感的正向预测达到了0.001的显著水平,且成就动机对创意自我效能感的解释变异量为7%。为了探明三者之间的关系,进行进一步的回归分析。

综上所述,得到成就动机、专业认同、创意自我效能感三者之间的路径分析图,如图2-10-1所示。

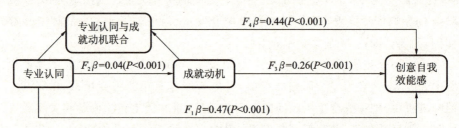

图2-10-1 成就动机、专业认同、创意自我效能感的路径分析图

由图2-10-1可知,专业认同不仅可以直接影响师范院校大学生的创意自我效能感,而且可以通过影响师范院校大学生的成就动机间接影响其创意自我效能感。

三、讨论

(一)师范院校大学生的创意自我效能感的现状

从本研究的结果来看,师范院校大学生的创意自我效能感的平均分为3.45分,能力效能的平均分为3.42分,认知效能的平均分为3.37分,任务效能的平均分为3.58分,都处于中等偏上水平,其中任务效能的平均分略高于能力效能和认知效能。与其他学者的有关大学生创意自我效能感的研究结果相比,本研究显示师范院校大学生的创意自我效能感水平要略低,即师范院校大学生创意自我效能感要略低于大学生总体水平,这可能与师范院校的学校性质、培养方案有关。师范院校是培养教育教学专业人才的基地,其性质与其他高校有所不同,这可能导致学校对学生创造力的培养和创新行为的支持不足。

(二)师范院校大学生的创意自我效能感在人口统计学变量上的差异

本研究结果显示,师范院校大学生的创意自我效能感在性别上没有显著差异。男生与女生的创意自我效能感的平均得分十分接近。在中国的传统观念中,男性往往被认为是更具创造力的,但随着社会文化的变化,女性接受的教育越来越多,因此男女差异并不明显。

本研究表明,师范院校大学生的创意自我效能感在年级上的差异不显著,这与前人的研究结果不一致。前人的研究结果显示,大一学生的创意自我效能感要高于大二、大三、大四的学生,但本研究并未得出这样的结论。这可能是因为本研究的测试对象分布不均,大一学生比大三、大四的学生多。

(三)师范院校大学生的专业认同的现状及差异

本研究结果显示,师范院校大学生的专业认同总体上处于中等偏上水平,这表明师范院校大学生对自身专业有较高的认同感。

本研究结果显示,师范院校大学生的专业认同在性别、年级上都没有显著差异。这可能是由于本研究的被试分布不均,男女比例、年级比例都略为失衡,对研究结果有一定的影响;也可能是由于师范院校大学生这一群体的特性所致。师范院校大学生相对于大学生这一大群体来说,其本身就是具有某些相似特征的一个类别,他们对于自身专业的某些特质具有一致的认同。此外,本研究结果表明师范院校大学生的专业认同在是否自愿选择专业上差异显著,这与前人的研究结果一致。

(四)师范院校大学生的成就动机的现状及差异

本研究结果显示,师范院校大学生的成就动机水平处于中等水平,即师范院校大学生总体上没有表现出极强烈的成就动机,在追求成功动机和回避失败动机两个因子上也没有特别突出的表现。

前人的研究结果有的显示成就动机在性别上差异显著,有的显示在性别上差异不显著。本研究结果显示,成就动机在性别上没有显著差异,但回避失败动机在性别上差异显著,表现为男生的回避失败动机比女生强烈。这可能是因为男生通常比女生的好胜心更强,更加不愿意事情失败,认为失败是对自身能力的否定,所以会更加努力,以避免失败。同时,社会及家庭对男生、女生的期待有所不同,女生承受的压力相对较小,其回避失败动机则没有男生那么强烈。

(五)师范院校大学生的创意自我效能感、专业认同、成就动机的关系研究

对创意自我效能感、专业认同、成就动机进行相关分析可以看出,创意自我效能感、专业认同、成就动机三者之间的相关性达到了 0.01 的显著水平。其中,创意自我效能感及其各因子均与专业认同呈显著正相关,即创意自我效能感高的师范院校大学生的专业认同感也相对较高。创意自我效能感与成就动机呈显著正相关,即创意自我效能感高的师范院校大学生的成就动机水平也较高。因为成就动机水平高的学生,会更加愿意去实现自我,也更加倾向于去解决难题。当个体对自身的期望较高时,其创意自我效能感的认知效能和

任务效能就会得到极大的提升。专业认同与成就动机也呈显著正相关,即专业认同感高的师范院校大学生的成就动机也相对较强。当学生对其专业有较高的认同感时,他们就更希望在专业上获得更多的成就。

专业认同对创意自我效能感的回归分析表明,专业认同对创意自我效能感的解释变异量为23%,专业认同对创意自我效能感具有正向预测作用,即当个体对自己所学的专业具有较高的认同感时,其认为自己所学的专业有较好的发展前景,就会对专业学习充满激情,对专业相关活动充满期待,对自身能够完成创意活动的评价就会上升。同时,专业认同对成就动机具有正向预测作用,专业认同能解释成就动机5%的变异量。成就动机对创意自我效能感有正向预测作用,成就动机对创意自我效能感的解释变异量为7%。

对创意自我效能感、专业认同、成就动机进行中介检验,表明成就动机在专业认同对创意自我效能感的影响中发挥着重要的中介作用。也就是说,个体专业认同感的上升会对创意自我效能感有一定的提升作用;同时,个体具有较高的专业认同感,就会产生期望,会更加渴望获得成功,因此其成就动机也会随之提升。当成就动机较强烈时,个体会更加期望有所行动,且认为自身有能力做想做的事,其创意自我效能感也会随之提升。

第十一节　大学生学业自我效能感与考试焦虑的关系研究

大学生作为当今社会的一个重要群体,他们是国家的未来,是民族的希望。大学生在学习和生活当中会遇到各种各样的考试,如期末考试、英语四六级考试、职业资格考试等。因此,了解当前大学生学业自我效能感和考试焦虑的关系是非常有必要的,可以从心理健康的角度帮助大学生缓解考试焦虑。

现阶段我国学者在有关考试焦虑的研究方面取得了一系列的成果,例如:王才康与刘勇研究发现,自我效能感与考试焦虑呈显著负相关,高中生的学业自我效能感与考试焦虑存在显著负相关,学业自我效能感对考试焦虑具有显著的预测力。

本研究通过了解大学生学业自我效能感与考试焦虑的现状、特点,着重考查大学生学业自我效能感与考试焦虑的关系,以期帮助大学生更加清楚地认识自己在学业方面的能力,并提出提高大学生学业自我效能感的建议,同时为学校管理者及心理健康工作者提供一些处理大学生考试焦虑问题的意见和建议。

一、对象、工具与方法

(一)对象

研究对象是来自国内某两所高校各专业的大一至大四的学生。为了保证所抽取的样本具有代表性,采取分层抽样的方式抽取研究对象。共发放问卷300份,收回285份,剔除无效问卷,共获得276份有效问卷。

(二)工具

1. 学业自我效能感量表

具体介绍见第二章第九节。

2. 考试焦虑量表

采用王才康修订的中文版考试焦虑量表(Test Anxiety Scale,TAS)。该量表具有良好的信度和效度,一星期间隔的重测信度为0.60,内部一致性信度为0.64。

(三)方法

采用 EXCEL 和 SPSS 17.0 统计软件对收集的数据进行统计分析。

二、结果

(一)大学生学业自我效能感和考试焦虑在人口统计学变量上的差异分析

1. 大学生学业自我效能感和考试焦虑在性别上的差异分析

以性别为自变量,以学业自我效能感的两个因子和考试焦虑为因变量做独立样本 t 检验,结果见表2-11-1。

表2-11-1 大学生学业自我效能感和考试焦虑在性别上的差异检验($M\pm SD$)

	男	女	t
学习能力自我效能感	38.15±6.74	37.65±5.60	0.67
学习行为自我效能感	34.46±5.34	33.94±4.35	0.89
考试焦虑	15.16±5.55	14.67±5.42	0.74

从表2-11-1可以看出,男生和女生在学习能力自我效能感、学习行为自我效能感和考试焦虑上均没有显著差异。

2. 大学生学业自我效能感和考试焦虑在年级上的差异分析

以年级为自变量,以学业自我效能感的两个因子和考试焦虑为因变量做单因素方差分析,结果见表 2-11-2。

表 2-11-2　大学生学业自我效能感和考试焦虑在年级上的差异检验($M \pm SD$)

	大一	大二	大三	大四	F
学习能力自我效能感	38.85±8.37	36.56±5.47	39.36±5.33	36.87±6.08	3.90**
学习行为自我效能感	34.09±5.49	32.40±4.13	35.74±4.69	34.08±4.85	6.68***
考试焦虑	12.60±5.97	14.87±5.33	15.34±5.22	15.75±5.41	3.25*

从表 2-11-2 可以看出,不同年级的大学生在学习能力自我效能感、学习行为自我效能感和考试焦虑上均存在显著差异。为了进一步考查年级差异,下面进行事后多重比较。

1)大学生学习能力自我效能感的事后多重比较

从表 2-11-3 可以看出,大三学生的学习能力自我效能感显著高于大二和大四学生。

表 2-11-3　大学生学习能力自我效能感的事后多重比较

年级(I)	年级(J)	均值差($I-J$)	P
大一	大二	2.29	0.54
	大三	−0.51	1.00
	大四	1.98	0.72
大二	大一	−2.29	0.54
	大三	−2.80*	0.01
	大四	−0.31	1.00
大三	大一	0.51	1.00
	大二	2.80*	0.01
	大四	2.49*	0.04
大四	大一	−1.98	0.72
	大二	0.31	1.00
	大三	−2.49*	0.04

2)大学生学习行为自我效能感的事后多重比较

从表 2-11-4 可以看出,大三学生的学习行为自我效能感显著高于大二和大四学生,大四学生的学习行为自我效能感显著高于大二学生。

第二章 大学生自我的研究

表 2-11-4　大学生学习行为自我效能感的事后多重比较

年级(I)	年级(J)	均值差(I−J)	P
大一	大二	1.69	0.07
	大三	−1.65	0.06
	大四	0.01	0.90
大二	大一	−1.69	0.07
	大三	−3.34*	0.00
	大四	−1.68*	0.03
大三	大一	1.65	0.06
	大二	3.34*	0.00
	大四	1.66*	0.03
大四	大一	−0.01	0.99
	大二	1.68*	0.03
	大三	−1.66*	0.03

3) 大学生考试焦虑的事后多重比较

从表 2-11-5 可以看出，大二、大三、大四学生的考试焦虑都显著高于大一学生。

表 2-11-5　大学生考试焦虑的事后多重比较

年级(I)	年级(J)	均值差(I−J)	P
大一	大二	−2.27*	0.03
	大三	−2.74*	0.01
	大四	−3.15*	0.00
大二	大一	2.27*	0.03
	大三	−0.47	0.59
	大四	−0.88	0.33
大三	大一	2.74*	0.01
	大二	0.47	0.59
	大四	−0.41	0.63
大四	大一	3.15*	0.00
	大二	0.88	0.33
	大三	0.41	0.63

3. 大学生学业自我效能感和考试焦虑在是否独生子女上的差异分析

以是否独生子女为自变量，以学业自我效能感的两个因子和考试焦虑为

因变量做独立样本 t 检验,结果见表 2-11-6。

表 2-11-6　大学生学业自我效能感和考试焦虑在是否独生子女上的差异检验（$M\pm SD$）

	独生	非独生	t
学习能力自我效能感	37.44±6.07	38.13±6.25	−0.87
学习行为自我效能感	34.01±4.61	34.29±5.00	−0.46
考试焦虑	14.55±5.00	15.10±5.70	−0.78

从表 2-11-6 可以看出,是否独生子女在学习能力自我效能感、学习行为自我效能感和考试焦虑上均没有显著差异。

4. 大学生学业自我效能感和考试焦虑在家庭居住地上的差异分析

以不同家庭居住地为自变量,以学业自我效能感的两个因子和考试焦虑为因变量做独立样本 t 检验,结果见表 2-11-7。

表 2-11-7　大学生学业自我效能感和考试焦虑在家庭居住地上的差异检验（$M\pm SD$）

	城市	乡镇	t
学习能力自我效能感	38.10±4.88	37.86±6.4	0.24
学习行为自我效能感	33.48±4.37	34.34±4.96	−1.10
考试焦虑	15.65±5.17	14.77±5.5	1.01

从表 2-11-7 可以看出,不同家庭居住地的大学生在学习能力自我效能感、学习行为自我效能感和考试焦虑上均不存在显著差异。

5. 大学生学业自我效能感和考试焦虑在是否担任学生干部上的差异分析

以是否担任学生干部为自变量,以学业自我效能感的两个因子和考试焦虑为因变量做独立样本 t 检验,结果见表 2-11-8。

表 2-11-8　大学生学业自我效能感和考试焦虑在是否担任学生干部上的差异检验（$M\pm SD$）

	担任学生干部	未担任学生干部	t
学习能力自我效能感	39.45±5.98	37.07±6.16	3.10**
学习行为自我效能感	34.61±4.84	33.97±4.89	1.00
考试焦虑	14.36±5.34	15.22±5.55	−1.26

从表 2-11-8 可以看出,担任学生干部的大学生和未担任学生干部的大学生在学习能力自我效能感上存在显著差异,学生干部的学习能力自我效能感

显著高于非学生干部;而二者在学习行为自我效能感和考试焦虑上没有显著差异。

6. 大学生学业自我效能感和考试焦虑在专业上的差异分析

以专业为自变量,以学业自我效能感的两个因子和考试焦虑为因变量做独立样本 t 检验,结果见表 2-11-9。

表 2-11-9 大学生学业自我效能感和考试焦虑在专业上的差异检验($M\pm SD$)

	理科	文科	t
学习能力自我效能感	38.03±6.67	37.73±5.48	0.40
学习行为自我效能感	34.00±4.77	34.47±5.01	−0.79
考试焦虑	14.82±5.35	15.06±5.67	−0.35

从表 2-11-9 可以看出,不同专业的大学生在学习能力自我效能感、学习行为自我效能感和考试焦虑上均不存在显著差异。

(二) 大学生学业自我效能感和考试焦虑的关系研究

1. 大学生学业自我效能感和考试焦虑的相关分析

采用皮尔逊积差相关分析大学生学业自我效能感和考试焦虑之间的关系,结果见表 2-11-10。

表 2-11-10 大学生学业自我效能感与考试焦虑的相关分析

	学习能力自我效能感	学习行为自我效能感	考试焦虑
学习能力自我效能感	1		
学习行为自我效能感	0.48***	1	
考试焦虑	−0.30***	0.00	1

从表 2-11-10 可以看出,学习能力自我效能感和学习行为自我效能感存在显著正相关;学习能力自我效能感与考试焦虑存在显著负相关,说明大学生学习能力自我效能感越高,考试焦虑程度就越低;而学习行为自我效能感与考试焦虑的相关性不显著。

2. 不同学习能力自我效能感水平的大学生考试焦虑的差异研究

在前面的相关分析中我们得出,学习能力自我效能感与考试焦虑呈现显著负相关,而学习行为自我效能感与考试焦虑的相关性不显著。因此,我们将大学生学习能力自我效能感分为不同水平,考查其在考试焦虑上的差异。以统计学上的27%作为临界点,然后根据收集的数据的分布情况,将大学生的学习能力自我效能感分为高、中、低三组,运用单因素方差分析来研究不同学习能力自我效能感水平的大学生在考试焦虑上的差异,结果见表2-11-11。

表2-11-11 不同学习能力自我效能感水平的大学生考试焦虑的差异检验($M\pm SD$)

	低分组 ($n=77$)	中间组 ($n=132$)	高分组 ($n=67$)	F
考试焦虑	17.58±5.81	14.34±4.73	13.00±5.39	15.39***

从表2-11-11可以看出,不同学习能力自我效能感水平的大学生在考试焦虑上存在显著差异($P<0.001$)。总的来说,低分组的考试焦虑程度最高,中间组的次之,高分组的最低。

3. 大学生学业自我效能感与考试焦虑的线性逐步回归分析

为了考查学业自我效能感各个因子对考试焦虑的预测作用,采用线性逐步回归分析,进一步探讨学业自我效能感与考试焦虑之间的关系。

从表2-11-12可以看出,学业自我效能感对考试焦虑有显著的预测效应($\Delta R^2=0.12, \Delta F=27.94, P<0.001$),因此,学业自我效能感可以很好地预测考试焦虑。

表2-11-12 大学生学业自我效能感与考试焦虑的线性逐步回归分析

	β	R	R^2	ΔR^2	ΔF
学习能力自我效能感	−0.30***				
学习行为自我效能感	0.20**	0.35	0.12	0.12	27.94***

三、讨论

(一)大学生学业自我效能感与考试焦虑在人口统计学变量上的差异

1. 大学生学业自我效能感和考试焦虑在性别上的差异

本研究结果表明,大学生学业自我效能感在性别上不存在显著差异,这与梁宇颂的研究结果基本一致[①]。大学生考试焦虑在性别上不存在显著差异,这

---

① 梁宇颂.大学生成就目标、归因方式与学业自我效能感的研究[D].武汉:华中师范大学,2000.

第二章 大学生自我的研究

与王琳琳、赵鹏程的研究结果基本一致[1]。这可能与我们国家当前的教育体制有很大的关联,本研究的被试全部来自公立大学,他们都是经过了严格的高考才考上大学的,应该算是同年龄人中的佼佼者,大多拥有属于自己的一套学习方法,且具有较强的学习能力,所以学习能力自我效能感和学习行为自我效能感在性别上不存在显著差异。

2. 大学生学业自我效能感和考试焦虑在年级上的差异

大学生的学习能力自我效能感、学习行为自我效能感和考试焦虑在年级上均存在显著差异。就学习能力自我效能感而言,大三学生的学习能力自我效能感最高,并且大三学生的学习能力自我效能感显著高于大二、大四的学生。这可能是由于大三的学生在经过了两年多的大学生活与学习之后,对大学的环境已经适应,对大学的学习比大二的学生有更充分的认识,他们拥有了可以取得较好成绩的信心和能力。相对于大四的学生来说,大三的学生还没有面临就业的压力,他们把心思主要放在学习任务上;而大四学生则一门心思地找工作,对于学习不那么在意了。就学习行为自我效能感而言,大三学生的学习行为自我效能感最高,且大三学生的学习行为自我效能感显著高于大二和大四学生,大四学生的学习行为自我效能感显著高于大二学生。这可能是由于大三学生有更丰富的大学学习经历和经验,在大学的学习中更加得心应手,可以把更多的时间和精力投入到学习中去。大四学生面临毕业,更加珍惜学习机会,加上已有三年多的学习经验,因此其学习行为自我效能感显著高于大二学生。

3. 大学生学业自我效能感和考试焦虑在是否独生子女上的差异

大学生学习能力自我效能感、学习行为自我效能感和考试焦虑在是否独生子女上均不存在显著差异。首先,就学习能力自我效能感而言,当今社会,独生子女和非独生子女都受到家庭的百般呵护,家长教育自己的孩子时大多采取鼓励的方式,使得大学生在信心和自我预判力方面有了显著的提升。因而,不管是不是独生子女,他们在学习能力自我效能感上不存在显著差异。其次,就学习行为自我效能感而言,现代大学生不管是独生子女还是非独生子女,他们都处于一个相似的大学环境中,享有类似的学习资源,采取的是类似的学习方法,使得他们的学习行为自我效能感在是否独生子女上不存在显著差异。最后,就考试焦虑而言,独生子女和非独生子女的考试焦虑并不存在显著差异,都属于中等水平。这可能是由于在中国的教育体制的影响下,不管是

---

[1] 王琳琳,赵鹏程. 大学生一般自我效能感与考试焦虑的相关分析[J]. 内蒙古师范大学学报(教育科学版),2011,24(7):70-72.

独生子女还是非独生子女,他们从上小学开始,就面临各种各样的考试,到了大学还是要面对各种考试,这也是每一位大学生必须要面对的。

4. 大学生学业自我效能感和考试焦虑在家庭居住地上的差异

大学生的学习能力自我效能感、学习行为自我效能感和考试焦虑在家庭居住地上均不存在显著差异。首先,就学习能力自我效能感而言,随着我国经济的不断发展,城乡之间的差距越来越小,国家对乡镇教育事业的投入逐年加大,乡镇的学生在完成自身学业、取得较好的学习成绩等方面与城市的学生的差距越来越小,进入大学之后这种差距就更小了。其次,就学习行为自我效能感而言,在现今我国大力推动乡镇教育事业发展的大环境下,乡镇的家长对子女的教育越来越重视,学校和家长都在尽量采取一切可能的方法来提高学生的学习技巧与学习成绩。而进入大学后,无论是城市还是乡镇的学生,他们处于相似的环境中,接受类似的教育,这使得他们在学习行为上并不会出现太大的差异,因而他们在学习行为自我效能感上并不存在显著差异。最后,就考试焦虑而言,在我国当前的教育环境下,各种各样的考试不计其数,考试作为一种测试手段被广泛运用到学生的学习中,到了大学后这样的情况仍然是存在的。因此,无论是来自城市还是乡镇的学生都已经适应了考试这种状况,他们在考试焦虑上也就不存在显著差异。

5. 大学生学业自我效能感和考试焦虑在是否担任学生干部上的差异

大学生的学习能力自我效能感在是否担任学生干部上存在显著差异,具体表现为学生干部的学习能力自我效能感显著高于非学生干部。这可能是由于大学里的学生干部大多是经过选举产生的,这些学生干部大多学习能力比较强。相对于其他学生而言,他们对自己的学习能力有更强的信心,相信自己在完成学业的同时也可以做好学生干部的工作,因而他们的学习能力自我效能感会显著高于非学生干部。而大学生的学习行为自我效能感在是否担任学生干部上差异并不显著,这可能是由于不管是不是学生干部,他们都在接受着相同或类似的知识,听取老师讲授学习的技巧与方法,他们在学习活动中基本都会采取各式各样的办法来解决学习中遇到的问题,也就不存在学习行为自我效能感的差异问题了。而考试焦虑在是否担任学生干部上不存在显著差异,这可能是由于无论是不是学生干部,他们都要面临考试,在考试焦虑上就没有差异了。

6. 大学生学业自我效能感和考试焦虑在专业上的差异

大学生学习能力自我效能感、学习行为自我效能感在专业上均不存在显著差异,这与牛丽凤的研究结果基本一致①。这可能是由于大多数大学生选报的是自己感兴趣的专业,他们在学习中就会采取更加积极主动的态度去学习。就考试焦虑而言,不同专业的大学生之间不存在显著差异。在以往传统的观念中,一般认为文科学生的考试焦虑程度会比理科学生的高,这是因为文科学生在考试前需要记忆大量的专业知识,从而会耗费大量的时间。而本研究发现文科生和理科生并不存在考试焦虑上的差异。

(二)大学生学业自我效能感与考试焦虑的关系研究

1. 大学生学业自我效能感与考试焦虑的相关分析

相关分析显示:大学生学习能力自我效能感与考试焦虑呈显著负相关。这一结果说明:学习能力自我效能感高的大学生往往对自己充满了信心,认为自己可以很好地完成学业,并能取得较好的成绩。在面对困境时,他们往往会采取更加积极主动的态度去面对。反之,学习能力自我效能感低的学生,他们总是会低估自身的学习能力,因此在考试中更容易表现出焦虑情绪。

2. 不同学习能力自我效能感水平的大学生在考试焦虑上的差异

大学生学习能力自我效能感在考试焦虑上存在显著差异,具体表现为低分组的考试焦虑程度显著高于中间组、高分组,而中间组与高分组的考试焦虑差异不明显。这可能是由于学习能力自我效能感低的大学生觉得自己没有能力、信心去完成大学学业,认为自己不能够很好地处理学习上遇到的问题,会过分地夸大考试的难度,这就使得他们在面对考试的时候更容易感到紧张,往往担心考试中会发生种种难以预测并导致考试失败的突发事件,这些个体也会因此而产生对考试的习得性无助。而学习能力自我效能感高的大学生则会以积极向上的心态去对待学习,他们享受学习的过程与结果,并从学习中获得内在或外在的满足。因此他们在考试中经常体验到的是成功而不是失败,即使有一次考试失败了,他们也会以一种轻松、愉快的心情去面对考试结果,因而他们感受到的考试焦虑就会更小。

3. 大学生学业自我效能感与考试焦虑的回归分析

本研究结果显示,学习能力自我效能感和学习行为自我效能感都能够显著预测考试焦虑。学习能力自我效能感对考试焦虑具有显著的反向预测作用,也就是说学习能力自我效能感越高,考试焦虑程度就越低。因此,拥有较低学习能力自我效能感的大学生,他们在考试中所能感受到的考试焦虑就越大。

---

① 牛丽凤.大学生学业自我效能感与学习适应性的关系[D].济南:山东师范大学,2008.

第十二节　大学生面孔吸引力与自我价值感：
　　　　　自我效能感的中介作用

自我概念是个体通过自身经验与环境的交互作用而建立起来的一种自我觉知，它作为一种假设的结构，被用来解释和预测个体的行为。身体自我是指个体对自己身体的认知和评价，是自我意识中最早萌发的部分，涉及个体对自己的相貌、体格、体能等的看法和评价[①]，同时还包括对理想身体美的认识，以及由此派生的对自己身体的满意度和采取的相应管理调节措施[②]。多因子自我概念模型将自我概念分为学业和非学业，其中非学业自我概念又可以被分为社会的、情绪的、身体的自我概念三部分，而每一部分还可以再分。该模型认为身体自我概念由身体能力和相貌组成。[③] 面貌（即面孔吸引力）作为身体自我的一部分，引起了社会学家、心理学家的关注。

自我价值感（self-worth）是指个体在社会生活中，认知和评价作为客体的我对社会主体（包括群体和他人）及对作为主体的我的正向自我情感体验。它包含多种心理成分，如认知、情感、态度、评价等，其核心是自我价值判断与体验。而身体自我满意度是指个体对自己身体各方面，如相貌、运动能力、身材等满意的程度，是对身体自我的情感层面的研究，属于自尊的范畴。许多研究表明，身体相貌特征与自我价值感的关系非常紧密，个体对于自身身体的看法是自我价值感的重要来源，尤其是女性[④]。李娜对大学生身体意象与自尊、自我价值感关系的研究发现，总体自我价值感、特殊自我价值感、身体自我价值感与外表评价、健康评价、身体部位满意度呈显著正相关。[⑤] 陈红等人对中学生身体自我满意度与自我价值感的相关研究也表明，个体的身体自我满意度与自我价值感显著相关，且身体满意度越高，个体的自我价值感也越高。[⑥]

[①] 曾向,黄希庭.国外关于身体自我的研究[J].心理学动态,2001,9(1):41-46.

[②] 陈红.青少年身体自我的理论与实证研究[D].重庆:西南师范大学,2003.

[③] SHAVELSON R J, HUBNER J J, STANTON G C. Self-concept: Validation of Construct Interpretations[J]. Review of Educational Research,1976,46(3):407-441.

[④] 魏俊彪,胡春博.大学生身体自我与自我价值感的关系[J].中国临床心理学杂志,2008,16(4):403-405.

[⑤] 李娜.大学生身体意象与自尊、自我价值感关系的研究[D].武汉:华中科技大学,2007.

[⑥] 陈红,黄希庭,郭成.中学生身体自我满意度与自我价值感的相关研究[J].心理科学,2004,27(4):817-820.

第二章 大学生自我的研究

身体自我涵盖了一个人身体形象的多方面特征,容貌是其中一个很重要的特征。容貌吸引力是身体自我吸引力中最为重要的因素[①],也是吸引力研究的核心。社会心理学家对容貌特征和容貌吸引力展开了大量的实验研究,证实了容貌在一个人的自我评价中处于重要地位,容貌吸引力对外表吸引力的影响最大。[②] 国内学者认为,面孔吸引力是指目标人物的面孔所诱发的一种积极愉悦的情绪体验并驱使他人产生接近意愿的程度。[③] 面孔吸引力是身体自我的一部分,而身体自我又是自我的重要组成部分,因此个体对自己面孔吸引力的态度很大程度上影响了对自我的态度和评价,即影响个体的自我价值感。

目前,国内有关个体面孔吸引力、自我效能感、自我价值感三者之间的关系的研究鲜见报道。那么,对自我面孔吸引力满意度高的个体是否会存在积极自我价值认同?而自我效能感是否在两者之间发挥一定的中介作用?为此,我们假设自我效能感是大学生面孔吸引力与自我价值感的中介变量,并提出假设的理论模型,如图2-12-1所示。

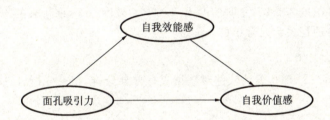

图2-12-1 自我效能感在面孔吸引力与自我价值感之间的中介作用

一、对象、工具与方法

(一)对象

以大学生为被试,共发放问卷300份,收回有效问卷266份。其中,男生104人,女生162人;来自农村的学生202人,来自城镇的学生60人(有4人未写明家庭居住地);大一学生68人、大二学生109人、大三学生75人、大四学生14人;理科学生127人,文科学生87、艺体学生52人。被试年龄在17—24岁,平均年龄为20.5岁。

---

① 吴继聪.容貌及其审美功能[J].中华医学美学美容杂志,2002,8(2):96.
② RHODES G, ZEBROWITZ L A. Facial Attractiveness: Evolutionary, Cognitive, and Social Perspectives[M]. New Jersey:Ablex Publishing Corporation,2002.
③ 李鸥,陈红.面孔吸引力的回顾与前瞻[J].心理科学进展,2010(3):472-479.

(二)工具

1. 面孔吸引力量表

面孔吸引力量表(Facial Attractiveness Scale,FAS)主要采用自我评定法,即被试对自己的面部特征进行自我评定,从"比较不满意"到"非常满意"分别评定为1、2、3、4、5分,然后把被试的评价分数相加,得到自我面孔吸引力的总分。

2. 青少年自我价值感量表

青少年自我价值感量表(Adolescents Self-Worth Scale,ASWS)由黄希庭编制,包括总体自我价值感量表、个人取向自我价值感量表和社会取向自我价值感量表三个部分。该量表一共有56道题,采用5级评分法,总分越高,表示自我价值感越高。

3. 一般自我效能感量表

采用王才康修订的一般自我效能感量表(General Self-Efficacy Scale, GSES)。该量表共10个项目,采用4级评分法。量表具有良好的信度和效度,内部一致性信度为0.87,重测信度为0.83。在效度方面,该量表的10个项目和总量表得分的相关系数为0.60~0.77。

(三)方法

运用SPSS 19.0统计软件对数据进行差异分析、相关分析、回归分析及中介效应分析。

二、结果

(一)大学生面孔吸引力与自我价值感、自我效能感的相关分析

由表2-12-1可知,面孔吸引力与总体自我价值感及自我价值感的两个因子均存在显著正相关,自我效能感与总体自我价值感及自我价值感的两个因子均存在显著正相关,自我效能感与面孔吸引力存在显著正相关。

表2-12-1 大学生面孔吸引力与自我效能感和自我价值感的相关分析

	面孔吸引力	自我效能感	总体自我价值感	社会取向自我价值感	个人取向自我价值感
面孔吸引力	1				
自我效能感	0.30**	1			
总体自我价值感	0.34**	0.51**	1		
社会取向自我价值感	0.28**	0.40**	0.44**	1	
个人取向自我价值感	0.23**	0.54**	0.66**	0.46*	1

（二）大学生自我效能感在面孔吸引力对自我价值感的影响中的中介效应检验

显著相关是进行中介效应分析的前提。根据表 2-12-1 的相关分析结果可知，面孔吸引力、自我效能感、总体自我价值感、社会取向自我价值感、个人取向自我价值感两两之间均存在显著正相关，因此进一步探讨自我效能感在面孔吸引力与自我价值感关系中的中介效应。依据方杰、张敏强和邱皓政提出的中介效应检验的新程序——偏差校正的百分位 Bootstrap 法进行中介效应检验。

对中介模型中变量关系的回归分析（见表 2-12-2）表明，面孔吸引力能显著预测自我价值感；当自我效能感和面孔吸引力同时预测自我价值感时，它们对个体的自我价值感都具有显著的正向预测作用。表 2-12-3 的数据显示了面孔吸引力影响自我价值感的间接效应。自我效能感的间接效应的 Bootstrap 95% 置信区间不含 0 值，说明自我效能感在面孔吸引力与自我价值感之间存在显著中介效应，其占总效应的 53.66%。

表 2-12-2　中介模型中变量关系的回归分析

结果变量	预测变量	R	R^2	F	β	t
自我效能感	面孔吸引力	0.30	0.09	18.09***	0.27	4.25***
自我价值感	面孔吸引力	0.34	0.12	23.58***	0.03	4.86***
	自我效能感				0.49	6.01***
自我价值感	面孔吸引力	0.61	0.37	42.27***	0.02	7.87***

注：模型中各变量均经过标准化处理之后带入回归方程。

表 2-12-3　自我效能感在面孔吸引力影响自我价值感中的中介效应分析

	间接效应值	Boot 标准误	Boot CI 下限	Boot CI 上限	相对中介效应
R^2_{med}	0.09	0.03	0.04	0.15	53.66%
K^2	0.17	0.03	0.10	0.24	

注：Boot 标准误、Boot CI 下限和 Boot CI 上限分别指通过偏差矫正的百分位 Bootstrap 法估计的间接效应的标准误、95% 置信区间的下限和上限。所有数值通过四舍五入保留小数点后两位数字。

三、讨 论

(一)大学生面孔吸引力与自我效能感、自我价值感的相关分析

本研究发现,大学生面孔吸引力与总体自我价值感及自我价值感的两个因子呈显著正相关。这与以往关于面孔吸引力的相关研究的结果是一致的:大学生的身体自我与自我价值感之间存在显著相关,而身体自我中的相貌特征与自我价值感的关系最为密切[1]。这说明大学生对自身的容貌比较看重,这也与当前的主流文化是一致的。因为受到社会评价与社会比较的影响,女性对自身外表的身体自尊成为其全部价值感的重要来源。[2]

本研究结果显示,面孔吸引力与自我效能感存在显著正相关。班杜拉的研究发现,影响自我效能感的因素包括四个信息源:个体行为的成败经验、他人成败经验、他人的言语劝说、情绪唤醒。这说明面孔吸引力不是影响大学生自我效能感的因素。但是,我们不能否认面孔吸引力对自我效能感的影响,个体的自我效能感总是与个体的认知评价和情绪体验紧密相连。梅耶认为,外部给予的评价能为被评价者的自我评价提供一定的信息,因为评价行为对被评价者的自我能力觉知的影响是在评价者对被评价者的能力的知觉基础上产生的。

(二)大学生面孔吸引力、自我效能感与自我价值感的回归分析

对大学生面孔吸引力、自我效能感与自我价值感进行回归分析,结果发现面孔吸引力对自我价值感和自我效能感有很好的预测作用,自我效能感对自我价值感有正向预测作用。这与一些研究的结果是一致的,如有研究者用逐步回归分析发现,面孔吸引力对自我价值感的各个因子都具有明显的回归效应,而且面孔吸引力对自我价值感的预测力最佳。因此,大学生的面孔吸引力对自我价值感有重要的影响,Fox 等人提出的身体自我和自我价值感层次模

---

[1] HARTER S. Through the Eyes of the Child: Obtaining Self Reports from Children and Adolescents[M]. Boston: Allyn & Bacon, 1990: 292-325.
[2] 卢谢峰,韩立敏. 中介变量、调节变量与协变量——概念、统计检验及其比较[J]. 心理科学, 2007, 30(4): 934-936.

型得以验证[1][2][3]。个体对于自身身体的看法是影响自我价值感的重要因素,个体身体自我的改变会影响个体整体的心理构建,而容貌作为身体的重要部分,会对个体的自我价值感产生重要的影响。总体来说,个体的面孔吸引力越高,其对自身的评价也越高,自我效能感也相应提高,进而影响了个体的总体自我价值感。这说明正确的容貌评定有助于提高大学生的自我价值感和自我效能感。

(三)大学生自我效能感的中介效应

本研究以标准化的回归系数 a、b、c、a'、b' 作为路径系数,检验结果显示自我效能感在大学生面孔吸引力和自我价值感中起部分中介作用。这也就是说,大学生的面孔吸引力不仅可以直接影响自我价值感的水平,还能通过自我效能感这个中介变量影响自我价值感。

中介变量是自变量对因变量发生影响的中介,是自变量对因变量产生影响的实质性的、内在的原因[4],自变量通过中介变量对因变量产生作用。中介变量所起的作用是间接效应,用来说明自变量是怎样通过它而影响因变量的。[5] 自我效能感的作用在于面孔吸引力通过自我效能感对自我价值感产生影响,即大学生的面孔吸引力首先可能会影响他们的自我效能感,较高的面孔吸引力使他们对自己能力的主观判断和评价提高,导致其解决问题的信心增强,进而导致个体的自我价值感水平提高。可见,自我效能感可以在面孔吸引力和自我价值感之间起到桥梁的作用。

大学生面孔吸引力通过自我效能感影响自我价值感,其原因可能是对自我容貌满意的大学生,会把这种容貌上的优势力量带到学习和工作中,他们相信自己能处理好各种事情,从而更加肯定自身的价值,表现出更高的自我价值感。本研究得出自我效能感在面孔吸引力对自我价值感的影响中具有中介效应这一结论,有一定的理论意义,同时对于高校心理健康课程建设有一定的指导价值。

---

[1] HARTER S. Through the Eyes of the Child:Obtaining Self Reports from Children and Adolescents[M]. Boston:Allyn & Bacon,1990:292-325.

[2] ROBINS R W,CASPI A,MOFFITT T E. It's Not Just Who You're with,It's Who You are:Personality and Relationship Experiences Across Multiple Relationships[J]. Journal of Personality,2002,70(6):925-964.

[3] BARON R M, KENNY D A. The Moderator-Mediator Variable Distinction in Social Psychological Research:Conceptual,Strategic, and Statistical Considerations[J]. Journal of Personality and Social Psychology,1986,51(6):1173-1182.

[4] 卢谢峰,韩立敏.中介变量、调节变量与协变量——概念、统计检验及其比较[J].心理科学,2007,30(4):934-936.

[5] 辛自强,郭素然,池丽萍.青少年自尊与攻击的关系:中介变量和调节变量的作用[J].心理学报,2007,39(5):845-851.

第三章 大学生自尊的研究

第一节 引 言

自尊一直被称为"灵魂的坐标",它萌生在人类的相互作用中,在这个过程中个体的重要性得到了他人的肯定。自我在细小的成就、赞扬和成功中逐渐成长,高自尊是人类发展过程中的一种理想结果。自尊对青少年有很大的影响,它关系到个体能否长期地保持心理健康和情绪稳定,进而影响生活的方方面面。

随着经济和社会的迅速发展,人类的身体健康已经成为世界各国普遍关注的重大问题。当代大学生正处在一个高速发展的社会环境中,激烈的社会竞争对大学生学习和生活的各个方面的影响巨大。心理健康是大学生全面发展的基本要求,良好的心理素质是当代大学生健康成长和成才的重要保证。心理学研究表明,自尊、身体自尊是与个人的心理健康密切相关的心理学概念。身体自尊是自尊的一个重要领域,身体自我是自我意识中最早萌发的部分,是自我的重要物质基础。在现实生活中,身体自我评价会影响整体自我评价,进而可能会影响个体的心理健康。

羞耻感及羞耻感教育是近年来心理学和教育学研究的新话题。在自我意识情绪研究中,羞耻感开始被认为是对人类行为有意义的情绪,属于高级的负性自我意识情绪。相对于基本情绪(如快乐、悲伤)而言,羞耻感作为高级自我意识情绪,在人们的情绪生活中占有重要地位。一个易于羞耻的人总是对生活充满无力感和无用感。国内外心理学界对于羞耻感的研究予以了很大的关注。人们逐渐认识到羞耻感是一种重要的情绪,它在人类的正常及病理行为中发挥着非常重要的、其他情绪所不能替代的作用。可见,羞耻感作为一个较稳定的心理因素,在心理病理上有重要意义。因此,细致了解当代大学生个体羞耻感对于引导大学生身心健康成长具有重要意义。

第二节 概念界定

一、自尊

虽然关于自尊(self-esteem)的研究已有一百多年的历史,但是国内外的心理学家们对于自尊的定义尚没有统一的认识。

心理学家詹姆斯用了一个著名的公式"自尊＝成功/抱负"最早给自尊下了定义。也就是说,自尊不仅取决于成功,而且取决于个体潜在的能力。库伯(Cooper)认为自尊是个体对自己所做出的或通常持有的评价,它表达了一种对自己持有的肯定或否定的态度,也表明了个体在多大程度上相信自己是有能力的、重要的、成功的和有价值的。① 自尊是一种针对自我本身的积极或消极的态度。

朱智贤认为自尊是社会评价与个人自尊需要的关系的反映。② 顾明远认为自尊是指个体以自我意象和对自身社会价值的理解为基础,对个人的值得尊重的程度或其重要性所做的评价。③ 林崇德认为自尊是自我意识中具有评价意义的成分,是与自尊需要相联系的、对自我的态度体验,也是心理健康的重要指标之一。④ 黄希庭则认为自尊即自我价值感,是指个人在社会生活中,认知和评价作为客体的自我对社会主体(包括群体和他人),以及对作为主体的自我的正向的自我情感体验。⑤

综上,笔者认为自尊是指个体对自己所持有的一种肯定或否定的态度,是一种对自我的态度、情感体验和价值判断。

二、时间管理倾向

时间管理倾向是时间维度上的人格特征,它反映了人们对待时间的观念、

---

① 张静.自尊问题研究综述[J].南京航空航天大学学报(社会科学版),2002,4(2):82-86.
② 朱智贤.心理学大词典[M].北京:北京师范大学出版社,1989.
③ 教育大辞典编纂委员会.教育大辞典(第5卷)[M].上海:上海教育出版社,1990.
④ 林崇德.发展心理学[M].北京:人民教育出版社,1995.
⑤ 王玲.高中生自尊、应对方式对主观幸福感的影响[D].济南:山东师范大学,2006.

态度,以及运用时间时所产生的行为特征。①

时间是十分珍贵的,是不能改变、不可存储和不能被替代的。时间管理是指对时间的使用和运筹。每个人对待时间的态度、看待时间的价值、管理时间的方式都是不一样的。正是因为这些差异导致了个体在学业、人格和心理健康等方面的差异。

时间维度上的人格差异明显地表现在时间管理倾向上。每个人对时间的管理方法各不相同:善于利用时间的人,可以在有限的时间里创造无限的可能;而不善于利用时间的人则会一生碌碌无为。我们学过许多关于时间的佳句,例如"时间就是金钱""时间就是生命""时光一去不复返""一寸光阴一寸金,寸金难买寸光阴"等。这些我们熟知的句子都表现了时间的珍贵性。然而,每个人在对时间的利用和管理上的人格特征不仅表现在行为上,而且与其对待时间的态度及对时间的价值观念密切相关。②

时间是有限的,它不能随意延长,也不能随意缩短,但我们可以对它进行有效的管理和利用。高中的学习强度很大,进入大学后在没有老师、家长监督的情况下,大学生在时间管理方面自律性较差,拖延现象普遍存在。大学生既面临着学业上的压力,又面临着找工作的压力和情感方面的压力。可以说,他们正处于人生的重要转折点,在面对困难时会出现焦虑的情绪。因此,大学生如何正确对待这些焦虑情绪,是亟待解决的问题。

黄希庭、张志杰在 2001 年第一次提出了时间管理倾向的概念,并提出了时间管理倾向的三维理论模型,编制了青少年时间管理倾向量表,把时间管理倾向划分为时间价值感、时间监控观和时间效能感三个因子,其结构图如图 3-2-1 所示。时间管理倾向从此就成为我国心理学领域的一个热门话题,相关的研究也层出不穷。从目前的研究成果来看,时间管理倾向的研究主要集中在探讨时间管理倾向与学业及人格等方面的关系。从时间管理倾向和学业方面的关系的研究中可以看出:时间管理倾向的时间价值感因子和时间效能感因子能够有效地预测大学生的学习满意度③;大学生的时间管理倾向和心理控制源水平存在显著负相关④,时间管理倾向的各因子均与学业自信存在显著

---

① 张志杰,黄希庭,崔丽弦.大学生时间管理倾向与学习满意度:递增效度的分析[J].西南师范大学学报(人文社会科学版),2004,30(4):42-45.
② 黄希庭,张志杰.论个人的时间管理倾向[J].心理科学,2001,24(5):516-518.
③ 秦启文,张志杰.时间管理倾向与心理健康关系的相关研究[J].心理科学,2002,25(3):360,349.
④ 张永红.大学生心理控制源和时间管理倾向的相关研究[J].心理科学,2003,26(3):568,567.

相关[1];大学生的时间管理倾向与抑郁存在显著负相关,与主观时间压力存在显著负相关[2];时间管理效能在时间监控行为与自尊、自我效能和学习满意度之间起部分中介作用,自尊、自我效能和学习满意度既可以被时间管理效能影响,也可以直接影响自我效能和学习满意度[3]。从这些相关的实证研究中可以看出,时间管理应该引起人们的高度关注与重视。

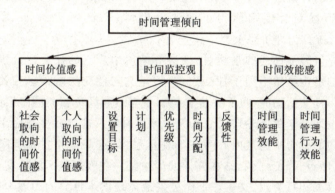

图 3-2-1 时间管理倾向结构图

黄希庭、张志杰的研究表明,时间管理倾向与个人的能力有关,善于管理时间的人,具有较强的统筹时间的能力和捕捉时机做出决策的能力;同时,善于管理时间的人一般有正面的自我观念,他们自立、自尊、自信,有强烈的自我实现动机和行为。[4]钟慧的研究表明,大学生时间管理倾向与成就动机存在显著正相关,高时间管理倾向者的成就动机得分显著高于低时间管理倾向者,时间管理倾向对成就动机有一定的预测作用。[5] 廖婷婷等人的研究表明,大一新生时间管理倾向与自我焦虑存在显著负相关。[6]邓凌、陈本友的研究表明,大学生的时间管理倾向与抑郁存在显著负相关,时间管理倾向得分越低,抑郁程度越高。[7]

---

[1] 古玉,谭小宏.大学生时间管理倾向与自信的相关研究[J].西南师范大学学报(人文社会科学版),2004,30(4):51-53.

[2][6] 邓凌,陈本友.大学生时间管理倾向、主观时间压力与抑郁的关系[J].中国心理卫生杂志,2005,19(10):659-661,684.

[3] 张志杰.时间管理倾向与自尊、自我效能、学习满意度:中介作用分析[J].心理科学,2005,28(3):566-568.

[4] 黄希庭,张志杰.论个人的时间管理倾向[J].心理科学,2001,24(5):516-518.

[5] 钟慧.大学生时间管理倾向与成就动机的相关研究[J].心理科学,2003,4(26):747-749.

[7] 廖婷婷,董薇,唐利平,等.大一新生的时间管理倾向与自我焦虑的相关研究[J].高校保健医学研究与实践,2005,1(2):30-33.

三、负面评价恐惧

研究者从社会认知角度提出评价恐惧这个概念,将其分成负面和正面两个因子,并将之看作社交焦虑的核心特征。对他人负面或消极评价的担忧与恐惧称为负面评价恐惧(Fear of Negative Evaluation,FNE),对他人正面或积极评价的担忧与恐惧则称为正面评价恐惧(Fear of Positive Evaluation,FPE),二者统称为评价恐惧。

负面评价恐惧描述的是演讲、聚会等情境中广泛的社会评价焦虑。负面评价恐惧的结构虽然不同于社交焦虑,但是它与社交焦虑紧密相关。当正在或预期参与社交活动时,负面评价恐惧属于与不利评价相关的恐惧感,而社交焦虑的产生部分来源于感知到他人负面评价时的反应。社交焦虑个体会做出一系列不同的行为来逃避内心潜在的评价恐惧,这些行为主要有回避目光接触、减少说话量、降低语调、站在群体的周边等。在唤醒焦虑的社交情境中,关于自己的仪表和行为,社交焦虑个体更多地体现出了负面的心理表征。例如,在即兴演讲或社会交往中,让他们将自己的行为表现划分等级,结果高社交焦虑个体的自评等级要比他人评定的等级低。而负面评价恐惧就与这个等级差异有关,即自评与他评的等级差异越大,负面评价恐惧就越高。这些研究共同表明,在基本的信息感知和加工处理方面,社交焦虑个体和非社交焦虑个体之间存在差异。对社交焦虑而言,负面评价恐惧具有重要作用,可将其作为社交焦虑的核心特征。

四、负面评价恐惧的理论解释

(一)社交焦虑的认知行为模型

戴维·克拉克(David Clark)等人把负面评价恐惧看作是社交焦虑的核心特征,并提出用社交焦虑的认知行为模型来解释社交焦虑个体感知周围评价和加工评价性信息的方式。在社会评价情境中,社交焦虑个体认为周围的人在本质上是喜欢对他人进行评论的,他们就像是自己的观众,会时刻注意自己的一言一行和仪表,并且可能会对自己进行负面评价。对于社交焦虑个体而言,最危险的刺激来自周围的人,最可怕的威胁来自周围的人的负面评价。高社交焦虑的个体将注意资源集中分配到监测自我形象和监测潜在的外部威胁(个体在交往中得到的及预期会得到的来自他人的负面评价)上。个体会把监测自我形象所获得的信息与自我感受、长时记忆中的信息,以及周围的人的反馈综合起来,形成关于自我的心理表征。但这种心理表征不是个体真实的表达，而是一种歪曲的表象。它不是个体观察自己后的表征，而是个体感知观众某一时刻如何看待自己的表征。在实际交往中，他们与周围的人的互动不一定会导致焦虑的产生，但这也在一定程度上说明了他们的确受到了来自他人的负面评价的压力。社交焦虑个体会预先制定一个行为标准或准则，并且他们认为周围的人也会通过一些类似的行为标准或准则来评价他们的行为表现。社交焦虑个体怀疑自己的能力能否达到这一标准，所以他们很有可能在交往中感知到负面评价和令人不愉快的社交后果。这种对于负面评价的预期会引起生理、认知、行为上的焦虑体验，焦虑体验又会导致外显行为的心理表征降低，由此形成适应不良的负性反馈回路。

（二）心理进化模型

吉尔伯特（Gilbert）提出的心理进化模型认为，社交焦虑与人们交往中的竞争威胁相关。社交焦虑的目的是回避来自他人的负面评价，避免跟群体中地位高的人发生直接冲突，以使自己处在群体中的安全范围内。吉尔伯特认为社交焦虑是人类在长期交往中形成的一种进化机制，它能够促进非暴力的人际交往。在心理进化模型中，自我感觉地位低下的个体会害怕因为地位提升而与他人发生冲突，害怕将来无法维持和保护自己的所得，这就是所谓的"害怕做得好"。在早期人类社会中，人们过着等级观念相当明确的群居生活，为了适应环境，人们也就自然而然地学会了尽量避免与群体中的地位高的人发生直接冲突。因此，负面评价恐惧实际上是人类长期进化过程中形成的一种认知机制，对竞争环境的适应起着重要作用。

（三）社会等级动力学模型

社会等级动力学根据吉尔伯特提出的心理进化模型证明了如果社交焦虑个体因为表现出色获得了正面评价，他们就会害怕遭到"被挤出等级排列"的人的报复。如果个体所获得的社会价值评估数值比群体中其他的成员低，则可能出现顺从行为，其目的是回避来自更具统治地位成员的威胁。从本质上来说，社交焦虑个体害怕自己表现得过于出色，因为这会使群体中其他成员的注意力集中到自己身上，使自己卷入到社会资源竞争的泥潭中。例如：社交焦虑个体在小组讨论中提出了自己的意见并得到积极反馈或表扬，他就会害怕领导者因为他喧宾夺主而对他表示不满，因而他会特别关注这一事件对自己人际关系所产生的影响。

五、羞耻感

羞耻感是指个体感到羞愧、可耻的负性情绪体验，是一种指向自我的痛苦的、耻辱的经验，也是一种消极的、痛苦的、负性的自我意识情绪体验，在调节个体行为及引起心理病理等方面起着重要作用。

国外心理学者对羞耻感的界定较多：维纳（Weiner）把它描述为个体把消极的行为结果归因于自身能力不足时产生的指向整体自我的痛苦体验；路易斯（Lewis）认为羞耻感是一系列复杂认知活动的结果，是个体运用内化了的标准、规则、目标对情境和总体自我进行评价后产生的消极感受。国内心理学者也对羞耻感做了多种解释：羞耻感是一种对自我的负性省察和评价，伴随着负性情感体验，现象学评定上表现出"自我取向"性；由于对自己的强烈否定及对外界评价的依赖，个体在体验到羞耻感时有更强烈的渺小感，表现为对行为的掩饰和对现实的逃避[1]；羞耻是一种社会化的高级负性情感，是个体把消极的行为结果归因于自身能力不足时产生的指向整体自我的痛苦体验，对退缩和抑制行为有增强作用[2]。针对羞耻感在文化上的差异问题，石英华结合中国的文化，在心理学层面上将羞耻感定义为个体对消极的行为结果进行负面评价后，进而产生的指向自我方面如身体、个性、家庭、行为的痛苦体验[3]。目前国外学者对羞耻感的解释已经有了比较一致的认识，认为羞耻感就是当个体以不光彩的方式做事，说到不幸的事或表现出有缺陷的特征时，如果自己或他人见证了此行为并消极地评价此人，就会产生羞耻体验[4]。

从众多心理学专业人士对羞耻感的界定上看，羞耻感的产生都是个体对消极事件及其结果进行内部归因造成的，即与事件的归因方式有关。国内有关羞耻感的研究大多集中在探讨羞耻感在中西方文化上存在的现象学差异，以及羞耻和内疚之间的关系上。羞耻感无论在现象学、归因倾向、心理适应性上，还是在文化背景上都与内疚有着明显不同。[5] 有关羞耻感在不同文化背景下的性别差异问题，王登峰、甘怡群以中国大学生为样本进行研究，发现男性比女性有更高的羞耻感分数，这与西方学者的研究结果不同，这被解释为文化上的差异[6]。不同文化背景下的人们对羞耻感的理解也存在着差异，在西方国

---

[1] 钟杰,李波,钱铭怡.自尊在大学生人格、羞耻感与心理健康关系模型中的作用研究[J].中国临床心理学杂志,2002,10(4):241-244.

[2] 施承孙,钱铭怡.易羞耻者的归因方式和应对风格[J].中国心理卫生杂志,1998,12(4):194-196.

[3] 石英华.大学生羞耻应对特点及其与社交焦虑的关系[D].开封:河南大学,2008.

[4] 李健芳.大学生羞耻感与成人依恋的相关性研究[D].南京:南京师范大学,2008.

[5] 钱铭怡,刘兴华,朱荣春.大学生羞耻感的现象学研究[J].中国心理卫生杂志,2001,15(2):73-75.

[6] 王登峰,甘怡群.内外控和抑郁对生活事件知觉和适应的影响[J].中国临床心理学杂志,1994,2(4):207-210.

第三章 大学生自尊的研究

家,羞耻感一般是指极端痛苦的社会性耻辱感,人们往往认为只有懦弱、无能的人才会更多地体验到羞耻感;在东方文化中,羞耻感无论在强度、内容或表现形式等方面都与西方国家不同[①]。

羞耻感作为一种负性的情感体验,对人的心理健康有着重要的影响。羞耻感的认知归因理论强调对整体自我的评价促进了羞耻感的产生,对整体自我进行消极的评价可能导致个体体验到更强烈的羞耻感。因此,探讨多个变量与羞耻感的关系对我们更好地理解羞耻感这种负性的自我意识情绪是很有必要的。

六、身体自尊

身体自尊(Physical Self-Esteem)被定义为与社会评价密切相关的"个体对自我身体的不同方面的评价",它是整体自尊的一个具体领域。[②] 当考查有关个人的许多问题,如参与体育活动、竞技表现、肥胖及伤病和老龄问题时,身体自尊被给予了极大的重视。它为我们理解自身属性的构成、自尊的基础和众多的行为模式提供了关键性指导。身体自尊在西方锻炼心理学中早已成为一个研究的热点。[③]

1890 年,詹姆斯首次提出系统的自我概念理论。他认为,自我概念可分为身体的、社会的、精神的和纯粹的自我概念。沙沃森提出了自我概念多维层次等级结构模型,这一模型将自我概念分成了学业自我概念和非学业自我概念,学业自我概念按照学科来分,非学业自我概念则分为社会的、情感的和身体的三个方面的概念。

身体自尊是个体自我意识中最先萌发的部分,是整体自尊的一个基础而重要的部分。身体自尊涉及个体对自己的相貌、体格、体能等的看法和评价,它是多维度的、多层次的,并且随着年龄的增长而显示出不同的特点。同时,身体自尊不仅仅是一个自然的个体对其身体的认识,还是一个社会的个体对其身体的认知和评价,受到社会文化的支配和重要他人评价的影响。[④]

国外学者早已开始了对身体自尊及其与体育锻炼之间的关系的研究。在我国,从研究的时间上看,是近几年才开始相关研究的,起步较晚;从研究的数量上看,数量少,发展缓慢;从研究的内容上看,研究比较零散,缺乏系统性。

---

① 谢波,钱铭怡.中国大学生羞耻和内疚之现象学差异[J].心理学报,2000,32(1):105-109.
② 曾向,黄希庭.国外关于身体自我的研究[J].心理学动态,2001,9(1):41-46.
③ 李京诚.身体锻炼心理某些领域的研究综述[J].北京体育师范学院学报,1999,3:42-47.
④ SHIN D C, JOHNSON D M. Avowed Happiness as an Overall Assessment of the Quality of Life[J]. Social Indicators Research, 1978, 5(1):475-492.

我国从2001年才开始重视身体自尊方面的研究,在此之前,只有2000年的1篇关于青少年身体自我的研究评述。对搜索到的文献进行整理后发现,目前对身体自尊的研究着重于体育锻炼对身体自尊的影响,也有极少数涉及身体自尊与心理健康、抑郁水平、生活满意感、地域、活动项目等关系的研究。

著名学者哈特(Harter)等人曾对不同年龄段的青少年进行调查,结果发现在影响他们的几个重要领域,即学业能力、体育能力、受同辈喜爱度、身体外貌和品行中最能预测他们自尊水平的是身体外貌。哈特共在11个国家开展了这项研究,都得出了类似的结论。这说明不同文化背景下的中小学生普遍重视身体外貌,将其看作自尊心的最重要来源和影响因素,他们最重视的并不是我们想象中的学业。而我国学校和家庭教育,甚至社会评价都将学业视为学生的全部成就,或自尊心的重要来源,这种教育及评价显然与学生个体的关注不符。另有大量调查研究发现,女孩的身体自尊明显低于男孩。我国学者黄曼娜调查发现,中学女生在外表和体能方面比男生更自卑。何玲和张力为的研究也证实,北京女性青少年的身体自尊显著低于男性青少年。谢琴等人的研究发现,男生的运动能力、身体状况、身体吸引力和力量的得分都显著高于女生,这个结果与国外的相关研究结果基本一致。哈格(Hagger)等人的研究显示,除了身体吸引力外,男孩的身体自我价值感、运动能力、身体状况和力量的得分都显著高于女孩。这个结果既说明了男女的性别差异,又反映了社会对他们的期望。另外,国内学者的调查发现,高中生对外表的自卑感显著高于初中生[①];黄希庭等人的研究也发现,从初一到大四,青少年身体自我总体上呈下降趋势,即随着年级的升高,有越来越多的学生对身体自我不满意,国外大量研究也都证实了这一点[②]。这说明随着年龄的增长,学生越来越意识到社会对外表形象的要求,越来越感受到社会对其身体自尊的压力。[③]

七、生活满意度

生活满意度是个体对生活总体质量的认知和评价,即在总体上对个人生活做出满意判断的程度。近年来,受人本主义心理学、积极心理学和文化心理学的影响,人们对心理健康的理解正在发生变化,表现为不仅希望自己没有心理疾病,而且希望提高自己的生活满意度和幸福感。因此,生活满意度作为衡

---

① 陈红,黄希庭,郭成.中学生身体自我满意度与自我价值感的相关研究[J].心理科学,2004,27(4):817-820.

② 张力为.客观身体形象与主观身体感受对生活满意感的贡献[J].中国运动医学杂志,2004,23(5):522-528.

③ 曾向,黄希庭.国外关于身体自我的研究[J].心理学动态,2001,9(1):41-46.

量心理健康的指标已引起大们的关注。一般来说,生活满意度越高,积极的情绪体验就越多,幸福感就越强。①

我国学者对大学生的生活满意度和主观幸福感的调查表明,大学生的生活满意度能在一定程度上反映其心理健康状况。②

不少研究指出,学生的学校生活满意度比其他生活领域的满意度要低。学生对学校生活不满意可能导致一系列的负性后果,包括学业成绩不良、退学等。目前包括中国在内的许多国家的教育改革主要关注的是学业目标和结果,忽视了学生情感方面的问题。因此,如何提高大学生的学校生活满意度及幸福感值得学校方面认真思考。培养大学生快乐、幸福的心态,提高其对各个领域的满意度,令其体验到更多的积极情感,这无疑会对改善和提高大学生的生活质量、塑造良好的心理素质、促进大学生的身心健康成长具有极其重要的作用。

第三节　研究目的与意义

一、研究目的

自尊是关系个体生命历程质量的重要的心理学概念。身体自尊是自尊的重要物质基础。个人的物质属性,如相貌、体能、健康状况等都是通过身体自尊整合到整体自尊中的,西方心理学研究者甚至称"身体是自我的源泉"。目前,我国的教育改革更多地关注学业目标和结果,忽视了学生的自尊及情感方面的问题。调查和了解当代大学生自尊水平的状况和特点,对提高大学生心理健康水平有深远的意义,对改善和提高大学生的生活质量、塑造大学生良好的心理素质、促进大学生身心健康成长具有积极的作用。

二、研究意义

(一)理论意义

目前,国外有关自尊的研究已相当成熟,为我们在中国文化背景下开展自

---

① 何玲,张力为.抽象及其具体身体自尊评价方式与生活满意感的关系[J].北京体育大学学报,2002,25(3):320-324.

② 张雯,郑日昌.大学生主观幸福感及其影响因素[J].中国心理卫生杂志,2004,18(1):61-62.

尊研究奠定了理论基础,且具有指导作用。但是由于我国文化的特殊性,开展相关研究无疑需要本土化的理论作为依据。本研究的结果和建议,对充实我国自尊领域的研究具有不可忽视的作用,可为今后开展该方面的研究提供理论基础和依据。

(二)现实意义

大学时期是大学生从学校走向社会的过渡时期。大学生在校园里也面临着较为复杂的人际关系。人际关系的处理直接影响工作、生活、心理健康等多个方面,必将影响大学生的前途与发展。从大局看,这也关乎国家的兴旺发达。研究当代大学生的自尊水平对指导大学生正确处理人际关系、快速顺利地适应社会具有重大的现实意义,对促进大学生的心理健康发展、促进和谐校园的建设和社会稳定具有重要作用。

第四节 大学生自尊与归因方式、羞耻感的关系研究

自尊、归因方式一直是心理学研究的热点。自尊是人格的核心部分,在人的一生中扮演着重要的角色。归因方式是指人们对周围发生的事件或者对事件所产生的原因的认知活动。自尊的高低、归因方式的不同,可能导致个体体验到的羞耻感的程度不一样。羞耻感这种高级的负性自我意识情绪很复杂,单一因素并不能很好地解释其发生发展规律。因此,探讨多个变量与羞耻感的关系,对人们更好地理解负性情绪有着重要的作用。

一、对象、工具与方法

(一)对象

被试选自国内某四所高校。为保证被试具有代表性,采取随机抽样,从大一到大四共选取被试268人,发放问卷268份,收回有效问卷265份。其中,男生127人,占样本总数的47.9%,女生138人,占样本总数的52.1%;大一学生68人,大二学生72人,大三学生60人,大四学生65人。

(二)工具

1. 自尊量表

采用自尊量表(Self-Esteem Scale,SES)评定大学生的自尊水平。该量表信度、效度良好。量表共有10道题目,采用4级评分法,被试的分数越高,表

示其自尊水平越高。

2. 内在-外在心理控制源量表

采用罗特编定的内在-外在心理控制源量表(Internal-External Locus of Control Scale,IELCS)评定大学生的归因方式。该量表共有 29 道题目,被试的分数越高表示其越趋向外控型,分数越低表示其越趋向内控型。

3. 羞耻体验量表

采用北京大学钱铭怡等人编制的大学生羞耻体验量表(Experience of Shame Scale,ESS)。该量表共有 29 道题目,包括个性羞耻、行为羞耻、身体羞耻和家庭羞耻 4 个因子。采用 4 级评分法,被试得分越高,说明其羞耻感越强。该量表具有较好的信度和效度,个性羞耻、行为羞耻、身体羞耻、家庭羞耻分量表及总量表的内部一致性系数依次为 0.83、0.85、0.80、0.79、0.92。

(三) 方法

由主试发放问卷并宣读指导语,被试采用匿名方式填写问卷。

运用 SPSS 17.0 统计软件进行数据处理,运用 AMOS 7.0 统计软件进行建模分析(见图 3-4-1)。

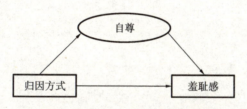

图 3-4-1 自尊作为中介变量的理论模型

二、结果

(一) 大学生自尊、归因方式和羞耻感在性别和年级上的差异分析

1. 大学生自尊、归因方式和羞耻感在性别上的差异

以性别为自变量,以自尊、归因方式、羞耻感总分及羞耻感各因子为因变量做独立样本 t 检验,结果见表 3-4-1。结果表明,大学生的自尊在性别上有显著差异,表现为男生得分高于女生,表明男生的自尊水平高于女生。大学生的归因方式在性别上差异不显著,这可能是因为大学生这一特殊群体的身心发展接近成熟,他们能够正确、冷静地面对周围所发生的事情,在归因的时候不会盲目。但是总体来看,女生的得分稍高于男生,这说明女生更倾向于对事情

进行外部归因。大学生的羞耻感总分、个性羞耻、行为羞耻、身体羞耻和家庭羞耻在性别上均有显著差异。在个性羞耻、行为羞耻、家庭羞耻和羞耻感总分上，男生的得分高于女生，说明男生在个性羞耻、行为羞耻、家庭羞耻和羞耻感总分上有更多的羞耻体验。

表 3-4-1　大学生自尊、归因方式、羞耻感总分及羞耻感各因子在性别上的差异

	性别	(M±SD)	t	P
自尊	男	21.35±3.63	1.35	0.01**
	女	21.08±3.00		
归因方式	男	10.80±3.73	2.03	0.52
	女	11.88±3.90		
个性羞耻	男	24.77±6.95	2.76	0.00***
	女	22.64±5.50		
身体羞耻	男	7.44±3.12	2.18	0.01*
	女	19.78±4.55		
行为羞耻	男	7.44±3.12	2.18	0.03*
	女	6.92±2.47		
家庭羞耻	男	6.80±2.98	4.93	0.01**
	女	5.62±2.40		
羞耻感总分	男	59.29±15.62	3.93	0.00***
	女	56.49±13.25		

2. 大学生自尊、归因方式、羞耻感在年级上的差异

以年级为分组变量，以自尊、归因方式、羞耻感各因子及其总分为因变量做独立样本单因子变异系数分析（见表 3-4-2）。

从表 3-4-2 中可以看出，自尊和归因方式在年级上没有显著差异，但是羞耻感总分及羞耻感各因子在年级上差异显著。

为了进一步探讨各个年级的大学生在羞耻感各因子及其总分上的差异来源，通过事后多重比较发现，大一、大二、大三的学生在羞耻感总分及个性羞耻、行为羞耻、身体羞耻、家庭羞耻上与大四的学生均存在显著差异，大四的学生得分高于大一、大二、大三的学生；而大一、大二、大三的学生之间不存在显著差异。

第三章 大学生自尊的研究

表3-4-2 大学生自尊、归因方式、羞耻感总分及羞耻感各因子在年级上的差异

	自尊	归因方式	个性羞耻	行为羞耻	身体羞耻	家庭羞耻	羞耻感总分
大一	21.70±2.62	11.03±3.37	22.75±5.83	19.87±4.94	6.69±2.43	5.75±2.25	55.07±12.48
大二	21.12±3.39	10.62±3.34	22.54±5.75	22.54±5.75	6.79±2.34	5.82±2.59	53.95±12.73
大三	21.80±3.46	11.57±3.32	22.93±5.78	18.84±4.69	6.73±2.38	5.52±2.33	54.02±12.60
大四	21.26±3.33	11.00±4.19	27.36±7.02	21.15±4.80	8.62±3.25	7.89±3.18	65.01±15.88
F	0.68	1.09	17.30**	6.60**	15.49**	21.44**	19.07***
P	0.565	0.354	0.007	0.002	0.005	0.003	0.000
事后多重比较				4>1;4>2;4>3			

注:1、2、3、4分别代表大一、大二、大三、大四学生。

(二)大学生自尊、归因方式和羞耻感之间的关系研究

以上仅对大学生自尊、归因方式和羞耻感的差异情况进行了单独考查,而三者之间的关系如何呢? 自尊、归因方式、羞耻感总分及其各个因子之间存在怎样的关系? 下面将探讨自尊、归因方式与羞耻感三者之间的关系。

1. 大学生自尊、归因方式和羞耻感之间的相关分析

从表3-4-3中可以看出,大学生自尊与归因方式、个性羞耻、行为羞耻、家庭羞耻、身体羞耻及羞耻感总分均存在显著负相关($P<0.01$),即自尊水平越高的个体,其体验到的羞耻感越弱。归因方式与羞耻感总分及其各因子之间有显著的正相关($P<0.01$),即个体越倾向于外部归因,其体验到的羞耻感越强。也就是说,个体把事件的发生原因归结于内部因素时,就会体验到较弱的羞耻感。

表3-4-3 大学生自尊、归因方式、羞耻感之间的相关分析

	自尊	归因方式	个性羞耻	行为羞耻	身体羞耻	家庭羞耻	羞耻感总分
自尊	1						
归因方式	−0.31**	1					
个性羞耻	−0.34**	0.32**	1				
行为羞耻	−0.29**	0.24**	0.74**	1			
身体羞耻	−0.21**	0.23**	0.62**	0.54**	1		
家庭羞耻	−0.16**	0.17**	0.36**	0.33**	0.43**	1	
羞耻感总分	−0.33**	0.31**	0.92**	0.87**	0.76**	0.58**	1

2. 不同自尊水平的大学生在归因方式、羞耻感总分及其各因子上的差异研究

按照常态中27%的标准,以27%为临界点,结合被试在自尊总分上的分布情况,将大学生分为高、中、低三个自尊组,运用单因素方差分析,考查不同自尊水平的大学生在归因方式、羞耻感总分及其各因子上的差异情况(见表3-4-4)。

表 3-4-4 不同自尊水平的大学生在归因方式、羞耻感总分及羞耻感各因子上的差异($M \pm SD$)

	高自尊组 ($n=102$)	中自尊组 ($n=90$)	低自尊组 ($n=73$)	F	P	事后多重比较
归因方式	9.91±3.12	11.14±3.26	12.46±3.35	13.26	0.00***	3>2,3>1
个性羞耻	21.92±4.80	24.05±5.21	26.01±5.98	12.22	0.00***	3>2>1
行为羞耻	17.31±4.06	18.52±4.15	19.88±4.74	7.50	0.00**	3>1
身体羞耻	6.78±2.42	7.00±2.21	7.73±2.81	3.55	0.03*	3>1
家庭羞耻	5.69±2.11	6.82±2.83	6.60±2.78	4.17	0.02*	3>1
羞耻感总分	51.33±11.1	56.50±11.12	60.22±13.59	10.57	0.00***	3>1,3>2

注:1、2、3分别代表高自尊组、中自尊组和低自尊组。

从表3-4-4中可以看出,不同自尊水平的大学生在归因方式上存在显著的组间差异,表现为低自尊组>中自尊组>高自尊组。通过事后多重比较得出,低自尊组与中自尊组、低自尊组与高自尊组之间在归因方式上存在显著差异,而中自尊组和高自尊组在归因方式上没有显著差异。

另外本研究还发现,不同自尊水平的大学生在羞耻感总分及其各因子上也存在显著的组间差异。通过事后多重比较得出,在个性羞耻上,高、中、低三个组之间均有显著差异;而在行为羞耻、身体羞耻和家庭羞耻上,高自尊组与低自尊组之间差异显著。值得注意的是,在羞耻感总分上的事后多重比较表现为高自尊组与低自尊组、低自尊组与中自尊组之间都有显著差异,但是高自尊组和中自尊组之间没有表现出显著差异。

以上研究表明,自尊水平越高的个体,其越容易将事件发生的原因归结于内部因素,即内部归因;自尊水平越低的个体,体验到的羞耻感越强。

3. 不同羞耻感水平的大学生在归因方式、自尊上的差异研究

依据被试在羞耻感总分上的分布情况,将大学生分为高羞耻组、中羞耻组

和低羞耻组,运用单因素方差分析,考查不同羞耻感水平的大学生在自尊和归因方式上的差异情况(见表 3-4-5)。

表 3-4-5 不同羞耻感水平的大学生在自尊、归因方式上的差异

	高羞耻组 ($n=74$)	中羞耻组 ($n=74$)	低羞耻组 ($n=117$)	F	P	事后多 重比较
自尊	19.42±3.43	21.47±2.86	22.51±3.80	8.61	0.00***	3>1
归因方式	12.34±3.41	11.55±3.50	10.85±2.72	7.28	0.00**	1>3,2>3

注:1、2、3 分别代表高羞耻组、中羞耻组和低羞耻组。

从表 3-4-5 中可以看出,不同羞耻感水平的大学生在自尊和归因方式上都有显著的差异。就自尊来说,低羞耻组＞中羞耻组＞高羞耻组。事后多重比较显示,低羞耻组与高羞耻组在自尊上差异显著,这表明羞耻感水平越高的学生其自尊水平就越低。就归因方式来说,高羞耻组＞中羞耻组＞低羞耻组,说明羞耻感水平越高的学生越倾向于外部归因。事后多重比较显示,高羞耻组与低羞耻组、中羞耻组与低羞耻组之间在归因方式上均有显著差异,中羞耻组与高羞耻组之间没有表现出显著差异。

4. 不同心理控制源的大学生在自尊、羞耻感总分及其各因子上的差异研究

根据被试在心理控制源量表上的得分情况,结合心理控制源量表的评分标准,将被试分为外控组和内控组。在本研究中,以 27% 作为临界点,将得分高于 13 分的被试划为外控组,低于 9 分的被试划为内控组,对两组被试进行单因素方差分析,考查不同心理控制源的大学生在自尊和羞耻感总分及其各因子上的差异情况(见表 3-4-6)。

表 3-4-6 不同心理控制源的大学生在自尊、羞耻感总分及其各因子上的差异

	内控组	外控组	t	P
自尊	22.23±3.35	20.61±3.13	16.46	0.00***
个性羞耻	22.50±5.19	25.58±5.62	21.19	0.00***
行为羞耻	17.90±4.25	19.34±4.55	7.00	0.01**
身体羞耻	6.69±2.39	7.64±2.57	9.65	0.00**
家庭羞耻	6.05±2.31	6.73±2.89	4.28	0.04*
羞耻感总分	57.13±11.6	59.29±12.54	16.83	0.00**

结果表明,外控组和内控组的大学生在自尊、羞耻感总分及其各因子上均表现出显著差异。在自尊上,表现为内控组得分高于外控组,说明越趋向外部归因的大学生其自尊水平越低;就羞耻感而言,无论是个性羞耻、行为羞耻、身体羞耻、家庭羞耻还是羞耻感总分,外控组的得分都比内控组高,即越趋向于外部归因的大学生体验到的羞耻感越强。

5. 大学生自尊、归因方式与羞耻感总分的回归分析

前面已经探讨了大学生自尊、归因方式与羞耻感的关系,其相关关系大多在中等程度,那么自尊、归因方式对羞耻感是否有显著预测作用?其预测力如何?为了进一步考查自尊、归因方式、羞耻感三者之间的关系,将自尊和归因方式作为羞耻感总分的预测效标变量,以逐步进入的方法进行回归分析(见表3-4-7)。

表3-4-7 大学生自尊、归因方式、羞耻感总分的回归分析

选出的顺序变量	β	R	R^2	ΔR^2	t	P
自尊	−0.33	0.33	0.11	0.11	−5.75	0.00
归因方式	0.23	0.40	0.16	0.05	3.81	0.00

结果发现,自尊首先进入回归方程,归因方式随后进入回归方程,说明自尊和归因方式在预测羞耻感时都是显著变量,多元相关系数为0.40。相比之下,自尊对羞耻感总分的预测力较好,其增加解释量为11%,而归因方式的增加解释量只有5%,两个变量的联合预测力为16%。从回归方程的检验结果看,P值达到极显著水平($P<0.001$),这说明回归方程是有意义的。另外,回归系数显著性检验结果表明,自尊对羞耻感总分有显著的负向预测作用,而归因方式对羞耻感总分有显著的正向预测作用,由此得出以下回归方程:羞耻感总分=−0.33×自尊+0.23×归因方式

6. 大学生自尊、归因方式与羞耻感的关系模型

考虑自变量 X 对因变量 Y 的影响,如果 X 通过影响 M 来影响 Y,则称 M 为中介变量。中介变量产生的条件有以下两个:一是,X 与 Y 之间的回归系数 c 显著;二是,X 与 M 之间的回归系数 a 显著,且 M 与 Y 之间的回归系数 b 显著。如果要说明是完全中介过程,还要加上一个条件,即回归系数 c' 不显著(见图3-4-2)。

本研究假设自尊对归因方式和羞耻感有中介作用,以标准化的回归系数 a、b、c、c' 作为路径系数,将归因方式、羞耻感作为主要变量,同时辅以自尊变量,构建归因方式、自尊与羞耻感的关系模型(见图3-4-3)。

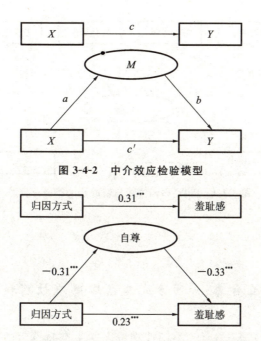

图 3-4-2 中介效应检验模型

图 3-4-3 自尊、归因方式与羞耻感的关系模型(模型一)

从图 3-4-3 中可以看出,该模型满足中介效应检验的所有条件。从路径系数上看,所有的路径系数都在 0.001 水平上显著,说明自尊的中介效应显著。由于在控制了自尊与归因方式后,归因方式与羞耻感之间的路径系数也显著,所以自尊在归因方式与羞耻感之间起部分中介作用。总体来说,该模型的拟合指数(见表 3-4-8)都很理想。值得一提的是,拟合指数 RMSEA 为 0.06,其数值在 0.05 到 0.08 之间是可以接受的,这支持了自尊是归因方式与羞耻感之间的中介效应的理论假设。

表 3-4-8 自尊、归因方式和羞耻感的结构方程模型拟合指数

	χ^2	df	χ^2/df	RMSEA	GFI	NFI	IFI	TLI	CFI
模型一	26.53	9	2.95	0.06	0.97	0.94	0.96	0.93	0.96

由此我们可以得出,自尊是归因方式与羞耻感之间的中介变量,自尊作为中介效应占总效应的比例为 33%,比例相对较大,因此,中介效应这一发现很有意义。

另外,从图 3-4-4 中的路径系数可以发现,归因方式的预测作用不仅体现在直接影响羞耻感上,而且体现在通过自尊发挥作用,进而间接影响羞耻感上。

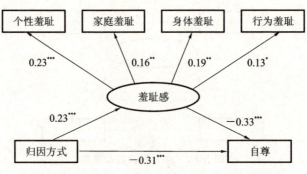

图 3-4-4 自尊、归因方式与羞耻感的路径分析图

三、讨论

(一)大学生自尊、归因方式及羞耻感在性别和年级上的差异

从以往的研究来看,有关不同性别的大学生在自尊上的差异的研究结果各有不同。有研究表明,大学生自尊在性别上没有显著差异。[1][2]但是本研究结果发现,就自尊而言,大学生这一群体表现出性别差异,男生的自尊得分显著高于女生。这可能与男生的自信心理有关,他们更倾向于认为自己有能力面对生活中的困难,在困难面前更自信。大学生自尊在年级之间没有显著差异。在归因方式上,不同性别和不同年级之间均不存在显著差异,这个结果与以往的研究结果一致[3]。但是总体来说,女生的得分高于男生,说明女生更倾向于对事件进行外部归因。大学生这一群体的身心发展接近成熟,在面对周围所发生的事情的时候,他们能够比较冷静、理智地分析,对事情所发生的原因能做出合理的归因。

就羞耻感而言,总体来说,男生在羞耻感总分及个性羞耻、行为羞耻、家庭羞耻因子上的得分都高于女生,这与钱铭怡、戚健俐的研究结果一致[4]。男生与女生在羞耻感总分及个性羞耻感、行为羞耻、身体羞耻、家庭羞耻上都达到了显著水平,说明羞耻感存在明显的性别差异,这个结果与李健芳的研究结果

---

[1] 陈洁.大学生社交焦虑、自尊与归因方式的关系研究[D].上海:华东师范大学,2009.
[2] 徐晓娟.大学生宽恕行为与自尊的关系研究[J].校园心理,2010,8(6):373-375.
[3] 张永红.大学生心理控制源和时间管理倾向的相关研究[J].心理科学,2003,26(3):568,567.
[4] 钱铭怡,戚健俐.大学生羞耻和内疚差异的对比研究[J].心理学报,2002,34(6):626-633.

第三章 大学生自尊的研究

一致①。这可能是因为男生一般比较注重面子,如果他人对自己进行负面评价,他们会觉得自尊心受到了伤害;当自己做了不道德的事情之后,男生更倾向于掩饰自己的行为,害怕别人知道自己无能或不道德而丢面子,因此体验到的羞耻感就越强。本研究发现,大学生的羞耻感总分、个性羞耻、行为羞耻、身体羞耻、家庭羞耻在年级上有显著差异。多重比较结果表明,大一、大二、大三的学生在羞耻感总分及其各因子上与大四的学生均存在显著差异,而大一、大二、大三的学生之间不存在显著差异,这说明大四的学生比大一、大二、大三的学生更容易体验到羞耻感。从大学生羞耻感的总体发展趋势来看,大学生的羞耻感总分及其各因子的得分在大一、大二、大三变化不大,但羞耻感总分及其各因子的得分均在大四急剧升高。随着年龄和心理的日渐成熟,大四学生的道德认知更加明确,当自己的某些行为与内化了的道德认知发生冲突的时候,就会体验到更强的羞耻感。另外,大四学生面临生活和就业压力,在理想和现实发生冲突的时候,他们更加关注自己的能力问题,加上他们对自己的定位较高,这使得他们心情烦躁、抑郁,从而体验到更强的羞耻感。

(二)大学生自尊、归因方式与羞耻感的相关关系

本研究发现,羞耻感总分及其各因子与自尊呈显著负相关,说明自尊水平越高的个体,体验到的羞耻感越弱;自尊水平越低的个体,其对自我的评价越消极,越不相信自己,通常认为自己没有能力、没有价值,因此体验到的羞耻感往往很强。此外,易羞耻者对自我的评价更消极,自我接纳的程度就更低。当经历羞耻事件时,个体更多地针对自我进行评价,而对自我的消极看法,可能导致相同情形下低自尊者更易感到羞耻。

自尊与归因方式呈显著负相关。自尊水平越高的个体,往往对自己持肯定态度,相信自己是有能力的,因此更加注重内部因素的影响力,从而习惯于将周围所发生事情的原因归结于内部因素,即进行内部归因。

归因方式与羞耻感总分之间呈现显著正相关。有研究表明,易羞耻者的归因方式更消极,自我评价更低,与抑郁、焦虑等心理症状有关。外控者比内控者的羞耻感更强,易羞耻者的自我评价偏低,更倾向于不相信自己,而强调外部因素的影响力,常常认为事情发生的原因是外部因素,自己无能为力,这也是对自我的否认,从而引起羞耻体验。

就羞耻感各因子而言,个性羞耻、行为羞耻与自尊、归因方式的相关性高于其他因子,关系更为密切。这说明个性羞耻和行为羞耻是大学生羞耻感产生的主要方面,值得我们重视。

---

① 李健芳.大学生羞耻感与成人依恋的相关性研究[D].南京:南京师范大学,2008.

(三)不同自尊水平的大学生在归因方式、羞耻感上的差异

本研究结果显示,不同自尊水平的大学生在归因方式和羞耻感总分及其各因子上表现出显著的组间差异。在归因方式上表现为低自尊组＞中自尊组＞高自尊组。通过事后多重比较发现,低自尊组与高自尊组、低自尊组与中自尊组之间在归因方式上表现出显著差异,而高自尊组与中自尊组在归因方式上没有显著差异。自尊水平越高的个体,其自我感觉良好,倾向于认为自己有能力,遇到问题时善于积极应对,因此习惯于将事情发生的原因归结于内部因素。

就羞耻感总分而言,低自尊组得分高于中自尊组和高自尊组,表明自尊水平越高的个体其体验到的羞耻感越弱。有研究表明,高自尊对成人羞耻感的产生有抑制作用,低自尊则有激发作用。[①] 自尊水平越高的个体,越相信自己是有能力的、重要的、成功的和有价值的,其对自我的评价越积极,因此体验到的羞耻感就越弱。

(四)不同羞耻感水平的大学生在自尊、归因方式上的差异

本研究结果显示,不同羞耻感水平的大学生在自尊和归因方式上都有显著差异。就自尊来说,低羞耻组＞中羞耻组＞高羞耻组,说明羞耻感水平越高的个体,其对自我的评价越低,更难接纳自我,因此其自尊水平就越低。就归因方式来说,高羞耻组＞中羞耻组＞低羞耻组,易羞耻者对自我的评价低,不相信自己,因此倾向于外部归因。这与施承孙、钱铭怡的研究结果一致。[②]

多重比较结果显示,高羞耻组与低羞耻组在自尊上差异显著;在归因方式上,低羞耻组与高羞耻组、低羞耻组与中羞耻组之间都表现出显著差异。具体而言,低羞耻组的自尊水平最高,高羞耻组的自尊水平最低;高羞耻组倾向于内部归因,得分最高,其次是中羞耻组,低羞耻组的得分最低。

(五)不同心理控制源的大学生在自尊和羞耻感上的差异

就自尊而言,内控组和外控组表现出显著的组间差异。具体来说,内控组得分高于外控组,说明越习惯于外部归因的个体其自尊水平越低。外控者总是认为行为结果依赖于运气、机会、命运和其他外部因素,不相信自己能够解决问题,消极地评价自我,因此其自尊水平就越低。在羞耻感总分上,表现为外控组得分显著高于内控组。就羞耻感各因子而言,内控组得分显著低于外控组,说明越是依赖内部因素的个体,其体验到的个性羞耻、行为羞耻、身体羞

---

① 金彩芬.人格变量对大学生内隐羞耻、外显羞耻影响的研究[D].西安:陕西师范大学,2007.
② 施承孙,钱铭怡.羞耻和内疚的差异[J].心理学动态,1999,7(1):36-38.

第三章　大学生自尊的研究

耻和家庭羞耻越少。

就羞耻感各因子而言,在同一心理控制源下,大学生在个性羞耻上的得分最高,其次是行为羞耻,说明归因方式对大学生个性羞耻的影响最大。

(六)大学生自尊、归因方式与羞耻感总分的回归分析

为了进一步探讨自尊、归因方式与羞耻感总分的关系,考查自尊、归因方式对羞耻感总分是否有显著的预测作用,以自尊和归因方式作为羞耻感总分的预测效标变量,进行逐步回归分析。结果发现,自尊首先进入回归方程,说明这一因子对羞耻感总分的影响最大。根据以往的研究,高自尊的个体体验到的羞耻感更弱;相反,低自尊的个体体验到的羞耻感更强。① 归因方式随后进入回归方程,说明自尊和归因方式在预测羞耻感总分时都是显著变量。相比之下,自尊对羞耻感总分的预测力较好。另外,回归系数显著性检验结果表明,自尊对羞耻感总分有显著的负向预测作用,而归因方式对羞耻感总分有显著的正向预测作用。

(七)大学生自尊作为归因方式与羞耻感的中介变量的检验

以往的研究表明,自尊是最能标示和影响情绪及生活调节状况的人格变量,它对青少年的认知、情感和社会行为均有重要影响。② 归因方式会影响个体的自尊和羞耻感,自尊与羞耻感也存在显著的相关关系。③ 因此,在本研究中,假设自尊是归因方式与羞耻感的中介变量,建立三者之间的关系模型。

从自尊、归因方式与羞耻感的关系模型中可以看出,所有的路径系数都在0.001水平上显著,说明自尊和归因方式都是羞耻感的显著预测变量,自尊的中介效应显著,起到了部分中介作用。该模型的拟合指数都很理想,这在一定程度上支持了自尊是归因方式与羞耻感之间的中介效应的假设,这一研究基于卢谢峰、韩立敏的观点④,证明了自尊的部分中介作用,说明自尊是归因方式与羞耻感之间的中介变量。另外,从自尊、归因方式、羞耻感三者之间的路径系数可以发现,归因方式不仅直接影响羞耻感,而且通过自尊影响羞耻感。这一研究结果表明,不同的归因方式导致个体产生的羞耻感程度不一样。羞耻感作为一种负面的情感体验,应该得到重视。根据归因方式与羞耻感的相关

---

① 钱铭怡,刘兴华,朱荣春.大学生羞耻感的现象学研究[J].中国心理卫生杂志,2001,15(2):73-75.

② 金彩芬.人格变量对大学生内隐羞耻、外显羞耻影响的研究[D].西安:陕西师范大学,2007.

③ 吴水燕,李惠怡,彭蓉,等.大学生自尊对师生关系与学习倦怠的中介作用[J].中国学校卫生,2010,31(8):939-941.

④ 卢谢峰,韩立敏.中介变量、调节变量与协变量——概念、统计检验及其比较[J].心理科学,2007,30(4):934-936.

分析我们知道，内控者的羞耻体验较少，因此，要想减少个体的羞耻体验，培养个体合理的归因方式比较重要。

第五节 大学生自尊与主观幸福感、心理健康的关系研究

随着大学扩招和社会竞争的日益激烈，当前大学生面临着学业与就业的双重压力，他们的精神生活受到越来越多的关注。已有的研究大多关注的是大学生的消极心理状态。随着积极心理学的兴起，人们进一步认识到积极心理品质对学习、工作、生活的重要作用。积极心理学以人的积极力量、善端和美德为研究对象，强调心理学不仅要帮助那些处于逆境中的人们知道如何求得生存并得到良好的发展，更要帮助那些处于正常境遇下的人们学会怎样建立高品质的生活。主观幸福感是积极情感体验的主要内容。自尊水平反映了人们赞赏、重视、喜欢自己的程度。它作为自我体系中的核心成分之一，不仅与个体的心理健康直接相关，而且对个体的人格发展有重要影响。

对已有文献的检索发现，关于大学生主观幸福感与心理健康、自尊的关系的研究较少。本研究从积极心理学角度出发，以普通高校大一至大四学生为研究对象，主要研究以下几个问题：主观幸福感、心理健康、自尊在人口统计学变量上的差异；主观幸福感与心理健康、自尊的相关分析和回归分析。本研究旨在进一步了解普通高校大学生主观幸福感与心理健康、自尊的影响因素，丰富这一领域的研究，从而为高校大学生心理辅导与干预提供一定的理论指导。

一、对象、工具与方法

（一）对象

采用整群随机抽样，以国内某两所高校大一至大四文科和理科学生为研究对象。共发放问卷250份，收回有效问卷221份。其中，男生90人，女生131人；文科学生108人，理工科学生113人；来自城市的学生有64人；来自农村的学生有157人；大一41人，大二85人，大三75人，大四20人。

（二）工具

1. 总体幸福感量表

总体幸福感量表（General Well-Being Scale，GWBS）是由美国国立卫生统计中心制订的一种定式型测查工具，用来评价被试对幸福的陈述，得分越高，

表明被试的幸福感越强烈。该量表除了用于评定总体幸福感,还可以对主观幸福感的 6 个因子进行评分。因此,该测验也可以认为就是主观幸福感测验。这 6 个因子是:对健康的担心、精力、对生活的满足和兴趣、忧郁或愉快的心境、对情感和行为的控制、松弛与紧张。原量表共 25 道题目,第 24 题不适合学生作答,而且计分方式表述不清,学生回答较为混乱。王晖在 2005 年的硕士毕业论文中共使用了该量表中的 24 道题目。国内学者段建华对该量表进行了修订,修订后的量表单个项目得分与总分的相关系数在 0.48～0.78,分量表与总量表的相关系数为 0.56～0.88,内部一致性系数男性为 0.91,女性为 0.95。3 个月后的重测信度为 0.85。本研究采用段建华修订的量表。

2. 一般心理健康问卷

一般心理健康问卷(General Health Questionaire-20,GHQ-20)包括 3 个分量表:自我肯定量表、抑郁量表和焦虑量表。

3. 自尊量表

具体介绍见第三章第四节。

(三) 方法

所有数据均采用 SPSS 12.0 统计软件进行统计分析,主要统计方法为 t 检验分析、单因素方差分析、相关分析和回归分析等。

二、结果

(一) 描述性统计结果

总体幸福感量表、心理健康量表及自尊量表的描述性统计结果如表 3-5-1 所示。

表 3-5-1 三个量表的描述性统计结果

	S1	S2	S3	S4	S5	S6	S0	G1	G2	G3	SE
M	11.82	18.08	13.21	10.96	21.48	18.07	93.62	5.92	0.81	1.31	19.90
SD	3.27	4.08	2.49	2.75	2.72	3.25	12.00	1.94	0.95	1.47	3.64

注:S0 代表主观幸福感;S1 代表对健康的担心;S2 代表精力;S3 代表对生活的满足和兴趣;S4 代表忧郁或愉快的心境;S5 代表对情感和行为的控制;S6 代表松弛与紧张;G1 代表自我肯定;G2 代表抑郁;G3 代表焦虑;SE 代表自尊。下同。

(二) 大学生心理健康、主观幸福感及自尊在专业上的差异

对不同专业的大学生在心理健康、主观幸福感及自尊上的得分进行独立样本 t 检验,结果见表 3-5-2。

表 3-5-2 大学生心理健康、主观幸福感和自尊的各因子在专业上的差异检验($M \pm SD$)

	文科($n=108$)	理工科($n=113$)	t
S1	11.89 ± 3.66	11.75 ± 2.86	0.31
S2	17.29 ± 4.45	18.83 ± 3.55	−2.86**
S3	13.06 ± 2.39	13.35 ± 2.58	−0.86
S4	10.75 ± 2.77	11.17 ± 2.73	−1.13
S5	21.26 ± 2.90	21.68 ± 2.52	−1.16
S6	17.75 ± 3.22	18.37 ± 3.26	−1.43
S0	92.00 ± 12.41	95.16 ± 11.42	−1.97*
G1	5.94 ± 1.94	5.90 ± 1.95	0.12
G2	0.92 ± 0.95	0.71 ± 0.94	1.64
G3	1.29 ± 1.48	1.33 ± 1.47	−0.20
SE	20.26 ± 4.02	19.56 ± 3.21	1.44

由表 3-5-2 可知,理工科学生在精力因子的得分上显著高于文科学生。在主观幸福感因子上,理工科学生的得分也显著高于文科学生。

(三)大学生主观幸福感与心理健康、自尊之间的相关分析

对主观幸福感及其 6 个因子、心理健康的 3 个因子、自尊进行相关分析(见表 3-5-3)。结果表明,自我肯定与精力、对生活的满足和兴趣、忧郁或愉快的心境、对情感和行为的控制、松弛与紧张、主观幸福感呈显著正相关;抑郁与精力、忧郁或愉快的心境、对情感和行为的控制、松弛与紧张、主观幸福感呈显著负相关;焦虑与对健康的担心、精力、对生活的满足和兴趣、忧郁或愉快的心境、对情感和行为的控制、松弛与紧张、主观幸福感呈显著负相关。主观幸福感、精力、对生活的满足和兴趣、忧郁或愉快的心境、对情感和行为的控制这 5 个因子与自尊呈显著负相关。

表 3-5-3 大学生主观幸福感与心理健康、自尊之间的相关分析

	G1	G2	G3	SE
S1	0.05	−0.06	−0.21***	−0.00
S2	0.42***	−0.34***	−0.41***	−0.32***
S3	0.32***	−0.08	−0.25***	−0.28***
S4	0.41***	−0.31***	−0.47***	−0.32***
S5	0.36***	−0.20**	−0.41***	−0.25***

续表

	G1	G2	G3	SE
S6	0.23**	−0.23**	−0.44***	−0.10
S0	0.46***	−0.33***	−0.57***	−0.33***

(四)大学生心理健康与自尊之间的相关分析

由表3-5-4可知,自尊与抑郁和焦虑呈显著正相关,自尊与自我肯定呈显著负相关。

表3-5-4 大学生心理健康与自尊之间的相关分析

	G1	G2	G3
SE	−0.52***	0.37***	0.24***

(五)大学生心理健康与主观幸福感、自尊之间的回归分析

1. 大学生主观幸福感与心理健康各因子的回归分析

由上面的分析得知,心理健康各因子与主观幸福感有着极显著的相关关系。在相关分析的基础上,以主观幸福感的精力、忧郁或愉快的心境、对情感和行为的控制、松弛与紧张4个因子为自变量,以心理健康各因子为因变量进行回归分析,结果见表3-5-5。

表3-5-5 大学生主观幸福感与心理健康各因子的回归分析

		S2	S4	S5	S6
G1	β	0.23	—	0.17	—
	t	3.84***	—	2.87**	—
G2	β	0.25			
	t	−3.82***			
G3	β	−0.14	−0.22	−0.18	−0.20
	t	−2.02*	−2.95**	−2.74	−2.98**

由表3-5-5可以看出,以自我肯定为因变量,只有精力($\beta=0.23,P<0.001$)、对情感和行为的控制($\beta=0.17,P<0.01$)两个自变量进入了回归方程,而与自我肯定有显著相关的对生活的满足、忧郁或愉快的心境、松弛与紧张三个变量未进入回归方程。以抑郁为因变量,只有精力($\beta=0.25,P<0.001$)这个自变量进入了回归方程,而与抑郁有显著相关的忧郁或愉快的心境、对情感和行为的控制、松弛与紧张均未进入回归方程。以焦虑为因变量,

精力($\beta=-0.14$,$P<0.05$)、忧郁或愉快的心境($\beta=-0.22$,$P<0.01$)、对情感和行为的控制($\beta=-0.18$)、松弛与紧张($\beta=0.20$,$P<0.01$)都进入了回归方程。

2. 大学生心理健康各因子与自尊的回归分析

从心理健康各因子与自尊的相关分析中可以发现心理健康各因子与自尊存在显著相关。在相关分析的基础上,以自尊为因变量,以心理健康各因子为自变量进行回归分析。

从表3-5-6中可以看出,以自尊为因变量,只有自我肯定($\beta=-0.40$,$P<0.001$)和抑郁($\beta=0.30$,$P<0.001$)这两个自变量进入了回归方程,而与自尊显著相关的焦虑并未进入回归方程。

表3-5-6 大学生心理健康各因子与自尊的回归分析

	G1	G2	G3
SE	-0.40***	0.30***	—

三、讨论

(一)大学生主观幸福感、心理健康和自尊在专业上的差异

本研究结果表明,在精力和主观幸福感这两个因子上,理工科学生的得分显著高于文科学生。有研究表明,中学生的总体满意度、家庭满意度、学业满意度只能解释主观幸福感中较少的变异。[①]

(二)大学生主观幸福感与心理健康、自尊之间的相关分析及回归分析

相关分析表明,自我肯定与精力、对生活的满足和兴趣、忧郁或愉快的心境、对情感和行为的控制、松弛与紧张、主观幸福感呈显著正相关;抑郁与精力、忧郁或愉快的心境、对情感和行为的控制、松弛与紧张、主观幸福感呈显著负相关;焦虑与对健康的担心、精力、对生活的满足和兴趣、忧郁或愉快的心境、对情感和行为的控制、松弛与紧张、主观幸福感呈显著负相关。回归分析表明,精力、对情感和行为的控制可以预测自我肯定,自我肯定和抑郁可以预测自尊。由此可以推测,主观幸福感通过影响心理健康,从而对自尊产生作用。

---

① 杨进,周建立.中学生生活满意度调查研究[J].教育研究与实验,2007(2):56-59.

第三章 大学生自尊的研究

第六节 大学生自尊与负面评价恐惧的关系研究

  大学生正处于人生发展的重要转折时期，在生理、心理和社会化方面都逐步走向成熟。他们即将从学校踏入社会，社会交往日益成为其日常生活的重要组成部分，其交往的人群也变得复杂。有关研究表明，友好和谐的人际关系、良好的精神生活有利于促进大学生的身心健康。

  早在1986年，金华等人就报道过，18~29岁这个年龄段的人际敏感均分最高，且大学生正处于此年龄段。目前，在大学生群体中，社交焦虑的发生率较高、持续时间较长，这是影响大学生心理健康和人际关系的原因之一。随着社会对大学生心理健康的日益关注，越来越多的研究者对大学生社交焦虑展开深入研究，这些研究主要涉及大学生社交焦虑的现状、成因及干预等。

  有研究表明，社交焦虑的个体会对社交活动做出失败的预期，并会联想到由失败带来的一系列不好的结果。他们常担忧别人对自己的看法，并且非常在意自己在社交活动中的表现，尤其害怕别人对自己做出负面评价。他们会采用各种方法去避免或降低对负面评价的恐惧，最常见的方法有回避社交活动、尽量减少自己的说话量、避免与周围人的目光接触等。自尊的恐惧管理理论认为自尊具有焦虑缓冲器的作用，其主要功能是克服恐惧和缓解焦虑。当个体面临威胁和冲击时，作为恐惧管理机制的自尊，就会保护人们免受那种与生俱来的对"死亡"的恐惧所带来的焦虑，如生活中的毁灭、失败、被拒绝、被遗忘、负面评价等。大学阶段是人格发展逐渐成熟、自尊趋于稳定的阶段。本研究在前人研究的基础上，探讨大学生自尊对负面评价恐惧的影响，以期充实我国本土化研究理论，为引导大学生树立正确的自我观、帮助其顺利适应社会提供一定的指导。

一、对象、工具与方法

（一）对象

  本研究以国内某两所高校的在校本科生作为研究对象，共发放问卷350份，收回问卷334份。经过初步筛选，剔除无效问卷15份，得到319份有效问卷，问卷有效率为95.51%。研究对象包括大一、大二、大三和大四的学生。被试的人口统计学情况见表3-6-1。

表 3-6-1　被试的人口统计学情况分布表

变量	类别	人数	百分比
性别	男	156	48.9
	女	163	51.1
年级	大一	77	24.2
	大二	84	26.3
	大三	74	23.2
	大四	84	26.3
生源地	城镇	120	37.6
	农村	199	62.4

(二)工具

1. 自尊量表

采用自尊量表评定大学生的自尊水平。具体介绍见第三章第四节。

2. 简明负面评价恐惧量表

采用简明负面评价恐惧量表(Brief Fear of Negative Evaluation Scale，BFNES)评定大学生的负面评价恐惧。该量表共有12道题，采用5级评分法，得分越高的个体越倾向于关注自己是否给他人留下了好印象，越害怕他人对自己的负面评价。

(三)方法

将简明负面评价恐惧量表和自尊量表合成一张问卷，以班级为单位进行施测，由研究者担任主试。在施测前，主试向被试宣读、讲解指导语，当场发放和收回问卷。为了避免被试因有所顾虑而影响作答的真实性和客观性，此调查采取匿名的方式。

对收回的问卷进行初步整理，剔除无效问卷。采用 SPSS 17.0 统计软件进行数据处理和分析。

二、结果

(一)大学生自尊的现状分析

1. 大学生自尊的总体情况

对大学生自尊状况进行描述性统计，结果见表 3-6-2。从表 3-6-2 中可以看出,如果依据理论中值来划分自尊的高低,大学生自尊的平均分高于理论中值,这表明大部分大学生拥有高自尊。

表 3-6-2　大学生自尊状况的描述性统计

	题目数	平均分数	标准差	理论中值	实际分数范围	理论分数范围
自尊	10	28.76	3.97	25	10～40	10～40

2. 大学生自尊在性别上的差异

为了了解大学生自尊在性别上的差异,采用独立样本 t 检验对数据进行分析,结果见表 3-6-3。由表 3-6-3 可知,大学生自尊在性别上的差异不显著。

表 3-6-3　大学生自尊在性别上的差异检验

性别	M	SD	t	df	P
男	28.43	4.23	−1.47	307.17	0.14
女	29.09	3.69			

3. 大学生自尊在年级上的差异

为了了解大学生自尊在年级上的差异,采用单因素方差分析,以年级为自变量、自尊为因变量对数据进行分析,结果见表 3-6-4。

表 3-6-4　不同年级的大学生自尊的单因素方差分析

年级	最大值	最小值	M	SD	F	P
大一	40	19	28.56	4.03	6.94***	0.001
大二	37	16	29.64	3.53		
大三	37	20	29.66	3.86		
大四	37	19	27.29	4.02		

由表 3-6-4 可知,大学生的自尊在年级上存在显著差异($P<0.001$),大三学生的自尊水平最高,大四学生的自尊水平最低。为了详细了解不同年级的大学生自尊的差异,对不同年级的大学生自尊水平进行 LSD 事后检验,结果见表 3-6-5。

表 3-6-5　不同年级的大学生自尊的 LSD 事后检验

配对变量		均值差	P
自尊	大一	大二	−1.08	0.08
		大三	−1.10	0.08
		大四	1.27*	0.04
	大二	大一	1.08	0.08
		大三	−0.02	0.98
		大四	2.36*	0.00
	大三	大一	1.10	0.08
		大二	0.02	0.98
		大四	2.38*	0.00
	大四	大一	−1.27*	0.04
		大二	−2.36*	0.00
		大三	−2.38*	0.00

由表 3-6-5 可知,大一、大二、大三学生的自尊水平不存在显著差异,大四学生的自尊水平显著低于其他三个年级的学生。

4. 大学生自尊在生源地上的差异

为了了解大学生自尊在生源地上的差异,采用独立样本 t 检验对数据进行分析,结果见表 3-6-6。由表 3-6-6 可知,大学生自尊在生源地上差异不显著。也就是说,来自城镇的大学生与来自农村的大学生的自尊水平差不多。

表 3-6-6　大学生自尊在生源地上的差异检验

生源地	M	SD	t	df	P
城镇	28.58	4.40	−0.61	218.78	0.54
农村	28.87	3.70			

(二) 大学生负面评价恐惧的现状分析

1. 大学生负面评价恐惧的总体情况

对大学生负面评价恐惧状况进行描述性统计,结果见表 3-6-7。

第三章 大学生自尊的研究

表 3-6-7 大学生负面评价恐惧状况的描述性统计

	题目数	平均分数	标准差	最大值	最小值
负面评价恐惧	12	36.61	6.14	54	15

为了详细了解大学生的负面评价恐惧状况,将大学生负面评价恐惧平均分的分布状况列于表 3-6-8。

表 3-6-8 大学生负面评价恐惧平均分的分布状况

	1—1.99	2—2.99	3—3.99	4—4.99	5
人数	5	137	160	17	0
百分比	1.6	42.9	50.2	5.3	0

从表 3-6-8 中可以看出,平均分低于中间值的大学生共有 142 人,占总人数的 44.5%,这说明有一部分大学生的负面评价恐惧水平相对较低;平均分等于和高于中间值的大学生共有 177 人,占总人数的 55.5%。

2.大学生负面评价恐惧的性别差异

为了了解不同性别的大学生在负面评价恐惧上的差异,运用独立样本 t 检验对数据进行分析,结果见表 3-6-9。

表 3-6-9 大学生负面评价恐惧在性别上的差异检验

	M	SD	t	df	P
男	35.70	5.85	−2.63**	317	0.01
女	37.49	6.29			

由表 3-6-9 可知,男女大学生在负面评价恐惧上存在显著差异,且女大学生的负面评价恐惧水平高于男大学生。

3.大学生负面评价恐惧在年级上的差异

为了了解不同年级的大学生在负面评价恐惧上的差异,运用单因素方差分析,以年级为自变量、负面评价恐惧为因变量进行方差分析,结果见表3-6-10。

表 3-6-10　不同年级的大学生在负面评价恐惧上的单因素方差分析

	年级	M	SD	F	P
负面评价恐惧	大一	35.32	6.75	12.97***	0.00
	大二	35.77	5.19		
	大三	35.08	5.84		
	大四	39.99	5.49		

由表 3-6-10 可知,不同年级的大学生在负面评价恐惧上有显著差异。为了详细了解不同年级的大学生负面评价恐惧的状况,对不同年级的大学生的负面评价恐惧进行 LSD 事后检验,结果见表 3-6-11。图 3-6-1 展示了不同年级的大学生的负面评价恐惧均值。

表 3-6-11　不同年级大学生负面评价恐惧的 LSD 事后检验

	配对变量		均值差	P
负面评价恐惧	大一	大二	−0.45	1.00
		大三	0.24	0.98
		大四	−4.67*	0.02
	大二	大一	0.45	1.00
		大三	0.69	0.99
		大四	−4.22*	0.00
	大三	大一	−0.24	0.99
		大二	−0.69	0.99
		大四	−4.91*	0.00
	大四	大一	4.67*	0.02
		大二	4.22*	0.00
		大三	4.91*	0.00

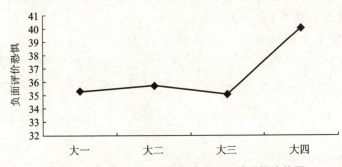

图 3-6-1　不同年级的大学生的负面评价恐惧均值图

第三章 大学生自尊的研究

综合分析表 3-6-11 和图 3-6-1 可知,大一、大二、大三学生的负面评价恐惧水平比较稳定,且无显著差异,大四学生的负面评价恐惧水平显著高于大一、大二、大三学生。

4. 大学生负面评价恐惧在生源地上的差异

为了了解大学生负面评价恐惧在生源地上是否存在差异,运用独立样本 t 检验对数据进行分析,结果见表 3-6-12。

表 3-6-12 大学生负面评价恐惧在生源地上的差异

	M	SD	t	df	P
城镇	37.57	6.30	1.87	318	0.06
农村	36.17	6.06			

由表 3-6-12 可知,大学生负面评价恐惧在生源地上不存在显著差异,即来自城镇的大学生与来自农村的大学生负面评价恐惧水平相当。

(三)大学生自尊与负面评价恐惧的关系

1. 大学生自尊与负面评价恐惧的关系

对大学生的自尊和负面评价恐惧进行相关分析,结果见表 3-6-13。

表 3-6-13 大学生自尊与负面评价恐惧的相关分析

	自尊	负面评价恐惧
自尊	1.00	
负面评价恐惧	-2.95^{**}	1.00

由表 3-6-13 可知,两个变量之间的相关系数达到了极显著水平($P<0.01$),大学生自尊与负面评价恐惧呈显著负相关。

2. 大学生自尊与负面评价恐惧的方差分析

将被试的自尊总分按照从低至高的顺序进行排列,取低分端的 27% 作为低自尊组,高分端的 27% 作为高自尊组,其余的为中自尊组。对这 3 组大学生的负面评价恐惧进行单因素方差分析,结果见表 3-6-14,LSD 事后检验结果见表 3-6-15。

表 3-6-14 不同自尊水平的大学生负面评价恐惧的单因素方差分析

	M	SD	F	P
低自尊组($n=93$)	38.37	6.41	10.71^{***}	0.00

续表

	M	SD	F	P
中自尊组($n=149$)	36.80	5.75		
高自尊组($n=77$)	34.14	5.80		

表 3-6-15　不同自尊水平的大学生负面评价恐惧的 LSD 事后检验

	配对变量		均值差	P
负面评价恐惧	低自尊组	中自尊组	1.57*	0.05
		高自尊组	4.23*	0.00
	中自尊组	低自尊组	−1.57*	0.05
		高自尊组	2.66*	0.00
	高自尊组	低自尊组	−4.23*	0.00
		中自尊组	−2.66*	0.00

由表 3-6-14 和表 3-6-15 可知，不同自尊水平的大学生在负面评价恐惧上存在显著差异（$P<0.001$），低自尊组的被试在负面评价恐惧上得分最高，高自尊组的被试在负面评价恐惧上得分最低。

3. 大学生自尊与负面评价恐惧的一元回归分析

为了进一步确定自尊与负面评价恐惧的关系，以自尊为自变量、负面评价恐惧为因变量进行一元回归分析，结果见表 3-6-16。

表 3-6-16　大学生自尊与负面评价恐惧的一元回归分析

	β	R^2	t	F
自尊	−0.30	0.09	−5.49	30.16***

由表 3-6-16 可知，自尊进入了回归方程，回归方程的决定系数为 0.09，即自尊可以解释负面评价恐惧 9% 的变异量。

三、讨论

（一）大学生自尊的特点

本研究发现，大学生的整体自尊水平较高。在大学生自尊水平是否具有性别差异的问题上，以往的研究表明，男大学生的自尊水平高于女大学生；但近几年国内学者指出，大学生的自尊水平不存在性别差异，本研究结果支持后者。究其原因，可能是因为随着社会的进步，人们的思想观念发生了巨大变化，"男尊女卑"观念也渐渐退出了历史舞台，现在社会已不再是"男主外女主内"的家庭分工模式,女性与男性在社会地位上的差距缩小了。女性拥有与男性相同的权利,能够客观地评价自己。所以,大学生的自尊水平也就没有明显的性别差异了。

罗晴、樊珂等人在对河南省三所大学的学生的自尊进行调查后指出,来自城镇的大学生的自尊得分显著高于来自农村的大学生。本研究的结果却表明,大学生自尊水平在生源地上不存在显著差异。这可能是因为,随着我国一系列惠农政策的实施,城镇与农村的经济差距逐渐缩小,来自农村的大学生与来自城镇的大学生在经济条件和生活水平上的差异也逐渐缩小,来自城镇的大学生不比来自农村的大学生更具优越感,所以他们在自尊水平上就不存在显著差异。

本研究的结果表明,大学生的自尊水平在年级上存在显著差异,大四学生的自尊水平显著低于其他三个年级的学生,大一至大三学生的自尊水平不存在显著差异。这可能是因为,大一学生怀着对未来的美好憧憬踏进校园,但在面对陌生的环境、比较大的学业压力等现实问题时,他们会感到生活、学习一团糟,对自己的积极评价也就相对较少,所以表现出比较低的自尊水平。随着对大学生活的适应及同伴关系的建立,他们能够专注于专业课程的学习和能力的锻炼,能够对自己进行较为全面、客观的评价,并对未来职业进行规划。这也是大一至大三学生自尊水平上升的重要原因。进入大四阶段后,大学生面临着考研、出国、就业等众多选择,他们不得不重新审视、认识自己。长期无忧无虑的大学生活,加之缺乏实践经验,大学生在寻找就业机会的过程中多次体验到失败,导致他们对自身的价值产生怀疑,对自己做出消极评价,自尊水平也就随之降低。

(二)大学生负面评价恐惧的特点

本研究结果显示,大学生负面评价恐惧水平处于中等水平以上,这与叶舒的研究结果一致[①]。负面评价恐惧描述的是一种广泛的社会评价焦虑,存在于各种社交情境中,大学生在社会活动中十分看重他人的评价,尤其是负面评价。究其原因主要有:①当今社会有些舆论认为,大学生是社会的蛀虫,没有社会责任感和使命感,并且急功近利,这就使得大学生备受舆论压力。他们在社交活动中更加在乎别人的看法,更希望得到肯定,害怕受到批评和指责。②在儒家思想的影响下,中国人形成了独特的心理特点,具有明显的内倾个

---

① 叶舒.大学生负面评价恐惧与自尊、自我意识的关系研究[D].成都:四川师范大学,2012.

性,在人际交往中害怕自己与众不同,既不想"冒尖",又害怕"掉队"。所以大学生格外在意周围人的看法,尤其害怕受到他人的拒绝和批评。这也就说明了为什么大学生具有较高的负面评价恐惧水平。

本研究表明,不同性别的大学生在负面评价恐惧上存在显著差异,女大学生的负面评价恐惧水平高于男大学生。这可能与父母的教养方式和社会期待有关。父母更倾向于培养女孩娇弱、柔美的气质,而更多地要求男孩具有阳刚之气。在社会和学校中,人们也会有意识地对孩子的性别差异予以强化。这些因素会潜移默化地导致男性和女性在性格和情感上存在不同程度的差异。一般来说,在性格方面,男性多偏向于理智、独立和外倾,而女性多偏向于情绪化、顺从和内倾;在情感方面,男性多偏向于单一、粗心和外露,而女性的情感则更加丰富、细腻和含蓄。由此可见,女性的心理特点使她们在日常生活和社会交往中更加在意他人对自己的看法和评价,更希望得到肯定和接纳,比男性更害怕他人的负面评价。

本研究发现,不同年级的大学生在负面评价恐惧上存在显著差异,大一至大三学生的负面评价恐惧水平比较稳定,且无显著差异,大四学生的负面评价恐惧水平显著高于大一、大二、大三的学生。大学生已不同于中学生,不再只注重学习,他们开始关注人际交往,迫切希望自己与新朋友建立良好的关系,更希望自己在互动中给人留下好印象。大一至大三的学生人际交往面比大四学生窄,大四学生专业课的学习接近尾声,他们处于找工作的阶段,正努力探索学校和职场、学生和职场人的差别,怀揣着对工作的无限期待,急切地希望自己被社会接纳和认同,害怕失败和被拒绝。这些因素是导致大四学生在负面评价恐惧上与其他三个年级学生出现显著差异的主要原因。

叶舒认为,来自农村的大学生怀着"跳出农门"的期待,来到与自己的生活环境差异巨大的地方学习、生活,他们更希望自己能够得到别人的认可和肯定,害怕别人的否定和拒绝,所以来自农村的大学生的负面评价恐惧水平显著高于来自城镇的大学生。而本研究结果表明,大学生的负面评价恐惧在生源地上不存在显著差异。这是因为,随着城乡差距的缩小,来自农村的大学生感受到与来自城镇的大学生同样的社会期许,他们的生活环境与学习环境也没有太大差异。

(三)大学生自尊与负面评价恐惧的关系

钟佑洁和张进辅对自尊和社交焦虑的关系的研究结果表明,大学生负面评价恐惧在其中起着中介作用,即自尊不仅直接影响社交焦虑,也通过负面评价恐惧的部分中介作用来实现,低自尊水平的个体在人际交往中害怕他人的负面评价,因而社交焦虑水平较高。这与本研究低自尊组大学生的负面评价恐惧水平显著高于中自尊组和高自尊组这一结论一致。叶舒关于大学生自我意识与负面评价恐惧的关系的研究结果表明,自尊在其中起着中介作用,即自我意识对负面评价恐惧的影响有一部分是通过自尊这个中介变量来实现的。本研究在以往研究的基础上,进一步研究大学生自尊对负面评价恐惧的直接影响,结果表明自尊与负面评价恐惧呈显著负相关。通过进一步比较可知,不同自尊水平的大学生在负面评价恐惧上有显著差异。

回归分析结果说明,自尊对负面评价恐惧具有一定的预测作用。但作为社交焦虑核心特质的负面评价恐惧受多种因素的影响,如家庭的教养方式、性格类型等,至于它们是如何影响负面评价恐惧的,还有待进一步的研究。

第七节 大学生身体自尊与生活满意度的关系研究

随着经济和社会的迅速发展,人类的身体健康已经成为世界各国普遍关注的重大问题。当代大学生正处在一个高速发展的社会中,激烈的社会竞争对大学生的学习和生活影响巨大。人们日益认识到心理健康是大学生全面发展必须具备的条件和基础,拥有良好的心理素质是当代大学生健康成长和成才的重要保证。心理学研究表明,自尊、身体自尊是与个人心理健康密切相关的心理学概念。身体自尊是自尊的一个重要领域,身体自我是自我意识中最早萌发的部分,是自我的重要物质基础。在现实生活中,身体自我评价会影响整体自我的评价,进而可能会影响个体的心理健康。目前,我国教育改革更多地关注学业目标和结果,忽视了学生的身体自尊及情感方面的问题。生活满意度作为衡量心理健康的重要指标之一,正日益受到大众的关注。已有不少研究指出,大学生的生活满意度普遍偏低。因此,对当代大学生身体自尊及其生活满意度进行调查,了解当代大学生身体自尊与生活满意度的现状及特点,对改善和提高大学生的生活质量、塑造良好的心理素质、促进大学生身心健康成长具有重要的作用。本研究从身体自尊与生活满意度的关系这个角度出发,运用相应的测量工具,系统和完整地探讨大学生身体自尊的性别差异、年级差异、专业差异、家庭背景差异,以及身体自尊、生活满意度的现状和特点,对提高大学生的身体自尊水平、促进大学生的心理健康发展具有一定的理论意义和现实意义。

一、对象、工具与方法

(一)对象

选取国内某两所高校的 340 名大学生进行问卷调查,收回有效问卷 323 份。被试的基本情况如表 3-7-1 所示。

表 3-7-1　被试的基本情况($n=323$)

变量	类别	人数	百分比
性别	男	147	45.5
	女	176	54.5
专业	文科	80	24.8
	理科	181	56.0
	艺体	62	19.2
家庭居住地	城市	117	36.2
	城镇	106	32.8
	农村	100	31.0
年级	大一	115	35.6
	大二	87	26.9
	大三	72	22.3
	大四	49	15.2
是否独生	是	106	32.8
	否	217	67.2
是否担任学生干部	是	179	55.4
	否	144	44.6

第三章 大学生自尊的研究

续表

变量	类别	人数	百分比
家庭经济状况	差	138	42.7
	一般	141	43.7
	好	44	13.6
是否获得奖学金	是	147	45.5
	否	176	54.5

(二) 工具

1. 大学生生活满意度评定量表

选用王宇中、时松和编制的大学生生活满意度评定量表(College Students Life Satisfaction Scale, CSLSS)[①],用来评定大学生的生活满意度。该量表包括6个项目:学习情况、人际关系、自己的形象和表现、身体健康情况、经济状况、主观满意度。前5个项目的得分均可以作为该方面的客观满意度分,前5个项目的平均分可以作为客观满意度分,第6个项目的得分是主观满意度分,客观满意度分加上主观满意度分为生活满意度总分。每个项目按所处状态和水平分为7个等级,被试根据自己的实际情况选择对应的等级。内部一致性信度为0.79,量表的稳定性较高。

2. 身体自尊量表

选用徐霞等人修订的身体自尊量表(Body Self-Esteem Scale, BSES)作为测量身体自尊的工具。该量表由身体自我价值感(主量表)、运动能力、身体状况、身体吸引力、身体素质5个分量表组成。采用4级评分法,被试的分数越高表明其身体自尊水平越高。

(三) 方法

采用问卷调查法进行研究,采用 SPSS 18.0 统计软件对数据进行处理和分析。

---

① 王宇中,时松和."大学生生活满意度评定量表(CSLSS)"的编制[J].中国行为医学科学,2003,12(2):199-201.

二、结 果

(一)大学生生活满意度的基本情况

1. 大学生生活满意度与青少年常模的比较

由表 3-7-2 可知,样本大学生客观满意度低于青少年常模,主观满意度高于青少年常模;学习情况、人际关系、自己的形象和表现、身体健康情况等方面的满意度低于青少年常模;经济状况的满意度高于青少年常模;生活满意度总分低于青少年常模。

表 3-7-2 样本大学生生活满意度与青少年常模的比较($n=323$)

因子	样本大学生	青少年常模
客观满意度	4.60±0.78	4.85±1.47
主观满意度	4.80±1.40	4.79±0.83
学习情况	3.40±1.20	4.64±1.23
人际关系	5.14±1.34	5.28±1.47
自己的形象和表现	4.61±1.30	4.74±1.46
身体健康情况	4.95±1.35	5.50±1.34
经济状况	4.27±1.11	3.80±1.34
生活满意度总分	9.40±1.92	9.64±1.98

2. 大学生生活满意度在人口统计学变量上的差异

为了进一步比较大学生的客观满意度、主观满意度及生活满意度总分在性别、年级、专业、家庭经济状况、家庭居住地、是否独生子女、是否担任学生干部、是否获得奖学金上的差异,以性别、专业、年级、家庭居住地、家庭经济状况等因子为自变量,以客观满意度、主观满意度、生活满意度总分为因变量进行差异检验(见表 3-7-3)。

表 3-7-3 大学生生活满意度在人口统计学变量上的差异检验($n=323$)

变量		客观满意度	主观满意度	生活满意度总分
性别	t	0.93***	0.96*	1.70*
专业	F	2.34	2.33	2.89
年级	F	0.59	0.21	0.29
家庭居住地	F	3.06*	1.58	2.65

第三章 大学生自尊的研究

续表

变量		客观满意度	主观满意度	生活满意度总分
家庭经济状况	F	12.30***	3.41*	7.53***
是否独生	t	1.81	0.01	0.74
是否担任学生干部	t	2.23	0.91	1.57
是否获得奖学金	t	3.99	1.84	2.96

由表3-7-3可以看出,不同专业、年级、是否独生、是否获得奖学金、是否担任学生干部的大学生在满意度的3个统计指标上都不存在显著差异。不同性别的大学生在客观满意度、主观满意度及生活满意度总分上存在显著差异,不同家庭居住地的大学生在客观满意度上存在显著差异,不同家庭经济状况的大学生在客观满意度、主观满意度、生活满意度总分上存在显著差异。

(二)大学生身体自尊的基本情况

1. 大学生身体自尊在人口统计学变量上的差异检验

由表3-7-4可以看出,就性别而言,男生在身体自我价值感、运动能力、身体状况、身体吸引力、身体素质上的得分均高于女生,男生的身体状况得分显著高于女生;就专业而言,艺体专业的学生在身体自我价值感、运动能力、身体状况、身体吸引力、身体素质上的得分均高于文科和理科专业的学生。总体而言,不同专业学生在身体自尊上存在显著差异,不同年级学生在身体自我价值感、运动能力、身体吸引力上存在显著差异。

表3-7-4 大学生身体自尊在人口统计学变量上的差异检验($n=323$)

变量		身体自我价值感	运动能力	身体状况	身体吸引力	身体素质
性别	女	13.75±3.22	12.62±3.37	14.68±3.17	13.34±2.94	14.25±3.38
	男	15.38±3.41	15.03±3.55	16.97±3.87	15.34±3.31	16.20±3.60
	F	0.69	0.08	6.63**	1.45	0.40
	P	0.41	0.77	0.01	0.23	0.53
专业	文科	13.93±3.12	12.75±3.22	14.86±2.90	13.67±3.00	14.60±3.33
	理科	14.37±3.45	13.42±3.55	15.55±3.78	14.10±3.26	14.74±3.49
	艺体	15.56±3.40	15.85±3.71	17.32±3.85	15.43±3.36	16.99±3.77
	F	4.31*	15.20***	8.62***	5.64**	10.68***
	P	0.01	0.00	0.00	0.00	0.00

续表

变量		身体自我价值感	运动能力	身体状况	身体吸引力	身体素质
家庭经济状况	差	14.41±3.23	13.54±3.29	15.50±3.64	13.90±2.98	14.81±3.48
	一般	14.77±3.54	14.02±3.76	15.91±3.66	14.61±3.35	15.64±3.47
	好	13.86±3.48	13.29±4.34	15.82±3.92	14.16±3.78	14.55±4.29
	F	1.26	0.95	0.46	1.67	2.54
	P	0.29	0.38	0.64	0.19	0.08
家庭居住地	城市	14.44±3.54	13.91±3.99	15.52±3.75	14.20±3.48	15.18±3.78
	城镇	14.65±3.17	13.82±3.58	15.95±3.69	14.42±3.18	15.30±3.72
	农村	14.39±3.50	13.38±3.31	15.71±3.62	14.12±3.13	14.92±3.29
	F	0.17	0.62	0.38	0.24	0.30
	P	0.85	0.54	0.69	0.78	0.74
年级	大一	13.86±3.61	12.86±3.55	15.33±3.82	13.65±3.19	14.62±3.56
	大二	14.86±3.23	14.13±3.40	16.14±3.67	14.62±3.49	15.60±3.70
	大三	15.28±3.25	14.86±3.72	16.33±3.31	14.94±3.17	15.79±3.52
	大四	14.16±3.19	13.34±3.76	15.00±3.76	13.97±2.97	14.57±3.54
	F	3.17*	5.19**	2.13	2.92*	2.48
	P	0.03	0.00	0.10	0.03	0.06

2. 大学生身体自尊与普通本科学生常模的比较

由表3-7-5可以看出,样本大学生的身体自我价值感、身体状况、身体素质3个因子的得分显著高于普通本科学生常模,而运动能力、身体吸引力2个因子的得分低于普通本科学生常模。

表3-7-5 大学生身体自尊与普通本科学生常模的比较($n=323$)

	样本大学生	普通本科学生常模
身体自我价值感	14.49±3.40*	13.93±2.83
运动能力	13.72±3.65	15.67±2.71
身体状况	15.72±3.68*	14.70±2.06
身体吸引力	14.25±3.27	14.48±2.31
身体素质	15.14±3.61*	14.11±1.99

3. 大学生身体自尊在人口统计学变量上的差异

为了进一步比较不同性别、年级、专业、家庭经济状况、家庭居住地及是否独生的大学生在身体自尊总分及其5个因子上的差异,以大学生身体自尊的5

个因子为因变量进行差异检验(见表 3-7-6)。

表 3-7-6　大学生身体自尊在人口统计学变量上的差异检验($n=323$)

变量		身体自我价值感	运动能力	身体状况	身体吸引力	身体素质	身体自尊总分
性别	t	−4.40	−6.25	−5.58**	−5.74	−5.01	−6.60***
专业	F	4.31*	15.20***	8.62***	5.64**	10.68***	12.16***
年级	F	3.17*	5.19**	2.13	2.92*	2.48	4.27**
家庭居住地	F	0.17	0.62	0.38	0.24	0.30	0.31
家庭经济状况	F	1.26	0.95	0.46	1.67	2.54	1.54
是否独生	t	−1.24	0.04	−1.46	−1.07	−0.33	−0.95

从表 3-7-6 可以看出,不同家庭居住地、家庭经济状况及是否独生的大学生在身体自尊总分及其 5 个因子上都不存在显著差异;不同性别的大学生在身体状况、身体自尊总分上存在显著差异;不同专业的大学生在身体自尊总分及其 5 个因子上均存在显著差异;不同年级的大学生在身体自我价值感、运动能力、身体吸引力、身体自尊总分上存在显著差异。

(三)大学生身体自尊对生活满意度的影响

1. 大学生身体自尊与生活满意度的相关分析

由表 3-7-7 可知,主观满意度、客观满意度、生活满意度总分与身体自我价值感、运动能力、身体状况、身体吸引力、身体素质显著相关。总体来说,大学生身体自尊与生活满意度之间的关系是密切的。

表 3-7-7　大学生身体自尊和生活满意度的相关分析($n=323$)

	身体自我价值感	运动能力	身体状况	身体吸引力	身体素质
主观满意度	0.25**	0.13*	0.21**	0.18**	0.17**
P	0.00	0.02	0.00	0.00	0.00
客观满意度	0.36**	0.25**	0.32**	0.34**	0.30**
P	0.00	0.01	0.00	0.00	0.00
生活满意度总分	0.33**	0.19**	0.28**	0.27**	0.25**
P	0.00	0.01	0.00	0.00	0.00

由表 3-7-8 可以看出,身体自我价值感、运动能力、身体状况、身体吸引力、身体素质与学习情况呈显著负相关,与人际关系、自己的形象和表现、身体健康情况呈显著正相关。

表 3-7-8 大学生身体自尊和客观满意度各因子的相关分析($n=323$)

	身体自我价值感	运动能力	身体状况	身体吸引力	身体素质
学习情况	−0.18**	−0.18**	−0.21**	−0.16**	−0.18**
人际关系	0.16**	0.12*	0.14*	0.12*	0.18**
自己的形象和表现	0.39**	0.23**	0.25**	0.37**	0.26**
身体健康情况	0.35**	0.20**	0.33**	0.30**	0.30**
经济状况	−0.01	−0.04	−0.06	−0.09	−0.04

2. 大学生身体自尊与生活满意度的回归分析

为了进一步探讨大学生身体自尊与生活满意度的关系,以身体自尊的5个因子为自变量,分别对客观满意度、主观满意度与生活满意度总分进行逐步回归分析。

由表 3-7-9 可知,5 个预测变量预测主观满意度时,进入回归方程的显著变量有 2 个,其解释变异量为 0.15,即身体自我价值感、身体素质这两个变量能预测主观满意度 15% 的变异量。这说明身体自我价值感、身体素质有一定的预测主观满意度的作用。

表 3-7-9 大学生身体自尊与主观满意度的回归分析($n=323$)

自变量	R	R^2	ΔR^2	F	β	t	P
身体自我价值感	0.38	0.15	0.14	27.74	0.28	4.43	0.00
身体素质					0.15	2.29	0.02

由表 3-7-10 可知,5 个预测变量预测客观满意度时,进入回归方程的变量是身体自我价值感,其解释变异量为 0.06,即身体自我价值感能预测客观满意度 6% 的变异量。这说明身体自我价值感有一定的预测客观满意度的作用。

表 3-7-10 大学生身体自尊与客观满意度的回归分析($n=323$)

自变量	R	R^2	ΔR^2	F	β	t	P
身体自我价值感	0.25	0.06	0.06	21.41	0.25	4.63	0.001

由表 3-7-11 可知,5 个预测变量预测生活满意度总分时,进入回归方程的变量是身体自我价值感,其解释变异量为 0.11,即身体自我价值感能预测生活满意度总分 11%的变异量。

表 3-7-11 大学生身体自尊与生活满意度总分的回归分析($n=323$)

自变量	R	R^2	ΔR^2	F	β	t	P
身体自我价值感	0.33	0.11	0.11	39.56	0.33	6.29	0.001

三、讨论

从身体自尊与生活满意度的相关分析中可以得出结论:身体自我价值感、运动能力、身体状况、身体吸引力、身体素质与主观满意度、客观满意度、生活满意度总分显著相关。本研究中客观满意度中的人际关系、自己的形象和表现、身体健康情况 3 个因子与身体自尊各因子之间均存在显著的正相关,这与已有研究的结果一致。以上结论表明个体对自我身体不同方面的认识与评价越好,其生活满意度也越高。高红艳、王进、胡炬波研究形体认知偏差对生活满意感的影响是经由身体自尊和一般自尊两个变量来实现的,结果表明形体认知偏差对生活满意感的影响效应极其微弱,两者关系不密切。[1] 依据自我多维等级理论,身体自尊是一般自尊的一个具体领域,形体认知偏差通过影响身体自尊进而影响生活满意度。

回归分析结果表明,身体自尊中的身体自我价值感因子进入了回归方程,其对主观满意度、客观满意度、生活满意度总分都具有正向的预测作用。可见,身体自尊对生活满意度有预测作用,身体自我价值感是生活满意度的有效预测变量。

第八节 大学生自尊对成人依恋的影响: 负面相貌自我的中介作用

身体自我是指个体对自己身体的认知和评价,是个体自我意识中最早萌发的部分。身体自我涵盖了一个人身体形象的多方面的特征,相貌是其中很

---

[1] 高红艳,王进,胡炬波.青少年学生形体认知偏差与自尊、生活满意感的关系[J].体育科学,2007,27(11):30-36.

重要的一个特征。

自尊是指个体赞赏、重视、喜欢自己的程度,是个体对自己的价值、长处、重要性等总体的情感上的评价,它被认为是最能预测情感和生活变化的个性变量。自尊的形成受多种因素的影响,尤其是负向身体自我。罗小春等人研究了阈下启动自尊对女性相貌满意度和相貌改变愿望的影响,研究结果表明启动自尊对女性相貌满意度不会产生影响,但在激活负面相貌图式后,负面相貌自我女性改变自己相貌的愿望会更强烈。

依恋是指婴儿和其照顾者(通常指母亲)之间存在的特殊的感情关系。它产生于婴儿与其照顾者之间的相互作用过程中,是一种感情上的联结和纽带。国外学者的研究结果表明,自尊与成人依恋回避和依恋焦虑有显著的负相关,自尊可以正向预测相貌满意度,成人依恋回避与身体不满意度呈显著正相关。

本研究通过调查研究大学生自尊与成人依恋的关系,深入揭示大学生成人依恋与自尊的关系,对帮助大学生建立良好的依恋关系具有一定的理论意义和实践意义。

一、对象、工具与方法

(一) 对象

采用整群抽样法,以班级为单位,抽取国内 7 所高校的在校大学生 230 人作为被试,共收获有效问卷 177 份。

(二) 工具

1. 负面身体自我量表

采用陈红等编制的负面身体自我量表(Negative Physical Self Scale,NPSS)。该量表共 48 个项目,包含整体、相貌、瘦、矮、胖 5 个因子。量表的内部一致性信度为 0.79。

2. 自尊量表

具体介绍见第三章第四节。

3. 亲密关系经历量表

采用李同归和加藤和生修订的中文版亲密关系经历量表(Experience in Close Relationship Scale,ECRS)。该量表共有 36 个项目,包含了依恋回避和依恋焦虑 2 个分量表,采用 7 级评分法。依恋回避分量表和依恋焦虑分量表的克隆巴赫 α 系数分别为 0.82 和 0.77,依恋回避分量表和依恋焦虑分量表的重测信度分别为 0.71 和 0.72。

(三) 方法

采用 SPSS 17.0 统计软件及 AMOS 21.0 统计软件对数据进行处理与分析。

二、结果

(一) 大学生负面相貌自我、自尊及成人依恋的相关分析

对大学生的负面相貌自我、自尊、依恋回避和依恋焦虑进行相关分析，由表 3-8-1 可知，负面相貌自我与自尊、依恋回避及依恋焦虑存在显著正相关，自尊与依恋回避、依恋焦虑存在显著正相关。

表 3-8-1 大学生负面相貌自我、自尊、依恋回避及依恋焦虑的相关分析

	负面相貌自我	自尊	依恋回避	依恋焦虑
负面相貌自我	1.00			
自尊	0.39**	1.00		
依恋回避	0.27**	0.18**	1.00	
依恋焦虑	0.46**	0.30**	0.11	1.00

(二) 大学生负面相貌自我在自尊与成人依恋之间的中介效应分析

显著相关是进行中介效应分析的前提，根据表 3-8-1 的相关分析结果，可以进一步探讨负面相貌自我在自尊与成人依恋之间的中介效应。根据研究者对中介条件的界定及中介效应的检验程序，本研究中的负面相貌自我的中介效应需要满足以下几个条件。第一，自尊对成人依恋有显著的预测作用（即路径系数 c 显著），这是首要条件。第二，自尊对负面相貌自我有显著的预测作用（即路径系数 a 显著），负面相貌自我对成人依恋有显著的预测作用（即路径系数 b 显著）。第三，在控制 a 与 b 的同时，若 c' 仍然显著，则负面相貌自我对成人依恋是不完全中介变量；若 c' 不显著，则负面相貌自我是完全中介变量，如图 3-8-1 所示。

如前所述，我们假设负面相貌自我在自尊和成人依恋之间起中介作用，以自尊为预测变量、成人依恋为因变量，采用结构方程模型对路径系数进行检验

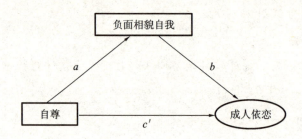

图 3-8-1 负面相貌自我在自尊与成人依恋之间的中介作用假设模型

可知,自尊对成人依恋有显著的预测作用,如图 3-8-2 所示。从表 3-8-2 可以看出,GFI、NFI、IFI、TLI、CFI 等模型拟合指数都接近 1,模型二的拟合指数比较理想。

图 3-8-2 自尊预测成人依恋的模型一

表 3-8-2 负面相貌自我影响成人依恋回避和依恋焦虑模型的拟合指数

拟合指数	x^2	x^2/df	RMSEA	GFI	NFI	IFI	TLI	CFI
模型二	0.00	0.00	0.00	1.00	1.00	1.01	1.07	1.00

同时,本研究采用结构方程模型对中介变量进行检验,以自尊为自变量、负面相貌自我为中介变量,以成人依恋为因变量构建模型,如图 3-8-3 所示。从图 3-8-3 可以看出,模型二各路径的回归系数都达到了显著水平($P<0.05$),证明了之前的假设,即负面相貌自我在自尊对成人依恋的影响中起部分中介作用。

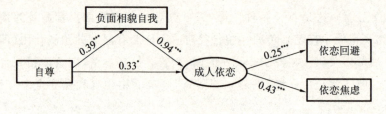

图 3-8-3 自尊通过负面相貌自我影响成人依恋的中介效应模型

第三章 大学生自尊的研究

三、讨论

(一)大学生的自尊、负面相貌自我和成人依恋的相关分析

相关分析表明,大学生自尊与负面相貌自我呈显著正相关。这说明大学生的自尊水平越高,其对自己相貌的不满意度越高。国外学者认为,自尊由知觉的自我和理想的自我两个因子构成。前者是自我概念,是指个体对自己具备或不具备的各种技能、特征和品质的客观认识;后者是指个体希望自己成为什么样的人的一种意向,这种意向是指一种想拥有某种特性的真诚愿望。在一些场合,人们总会"以貌取人",比如:相貌较好的人在做某件事情的时候,人们会抱着观望的态度,失败了之后,人们会觉得相貌好不代表有能力,甚至可能会觉得某人空有一副好相貌;要是成功了,人们又会觉得是相貌帮助了他(她)。生活中也常听到人们用"花瓶"形容相貌较好的女生,这是一种对相貌较好者的贬义说法。总之,在某些情况下,相貌会给一些人带来困扰。本研究的结果与前人的研究结果不一致:陈红等人的研究结果表明中学生的自我价值感越高,其身体满意度也越高[1];孙艳玲的研究结果表明青少年负面身体自我与外显自尊呈显著正相关[2]。出现不一致的结果可能是由于被试群体不同,本研究被试群体为大学生,而陈红及孙艳玲等人的被试群体分别是中学生和青少年。

本研究结果表明,负面相貌自我与依恋回避和依恋焦虑存在显著正相关,这与已有的研究结果一致。本研究结果还表明自尊与依恋回避和依恋焦虑存在显著正相关,这与张杨的研究结果一致[3],与何影等人的研究结果不一致。何影等人的研究表明自尊与成人依恋回避和依恋焦虑呈显著负相关。[4] 出现不一致的结果可能与所取样本不同或者本研究的样本数量过少有关。

(二)负面相貌自我在自尊与成人依恋之间的中介效应

采用结构方程模型对负面相貌自我在自尊和成人依恋之间的中介作用进

---

[1] 陈红,黄希庭,郭成.中学生身体自我满意度与自我价值感的相关研究[J].心理科学,2004,27(4):817-820.
[2] 孙艳玲.青少年负面身体自我对其自尊与学业成绩影响的研究[D].南昌:江西师范大学,2009.
[3] 张杨.大学生成人依恋及其与自尊、人际信任的关系研究[D].石家庄:河北师范大学,2008.
[4] 何影,张亚林,杨海燕,等.大学生成人依恋及其与自尊、社会支持的关系[J].中国临床心理学杂志,2010,18(2):247-249.

行分析,结果表明负面相貌自我作为中介变量拟合度良好,路径系数达到显著水平,负面相貌自我起部分中介作用。这与陶纯等人的研究结果一致[1],他们的研究结果表明依恋焦虑与身体满意度呈显著负相关,也就是说身体满意度越高,依恋焦虑越低。国外学者的研究也表明成人依恋回避与身体不满意度呈显著正相关。有研究发现,低自尊个体更容易内化理想的身体标准并且进行更多的上行社会比较,从而产生更多的身体不满意。从以上的研究结果中可以看出,负面相貌自我在通过自尊影响成人依恋的过程中起着重要的作用。本研究结果提示,心理工作者可以通过降低大学生的负面相貌自我水平和自尊水平,进而降低大学生的依恋回避水平与依恋焦虑水平。

---

[1] 陶纯,陈洁盈,郭亚鸣,等.女大学生依恋类型与身体意象的相关性研究[J].心理研究,2010,3(4):46-51.

第四章 大学生自信与自卑的研究

第一节 引 言

随着社会和心理学的发展,自信的弥散性特征在人们的工作和生活中已经凸显出来,自信几乎在每个领域都或多或少起了一定的作用。自信已经成为国内外学术研究的热点。90后大学生有其独特的人格特征,他们更多地追求标新立异,更注重个性。但随着大学扩招和社会人才结构的变化,大学生不再是"天之骄子",他们为学业担忧,为爱情担忧,为就业担忧,为自己的未来担忧,为社会给予的巨大压力而烦恼。有研究表明,当代大学生承受着巨大的压力,他们普遍缺乏自信,对未来迷茫。自信的对立面是自卑,缺乏自信也就是自卑。因此,大学生的自信问题亟须关注。

第二节 概念界定

一、自信

自信的定义很多,不同研究者对自信的理解和界定不尽相同。马斯洛在需要层次理论中指出,自信是自尊需要获得满足时产生的一种情感体验;库珀史密斯(Coopersmith)认为自信是个体做出的、并经常保持的对自己的评价,说明个体在何种程度上认为自己能干、重要和有价值[1];巴施(Basch)认为自信

---

[1] COOPERSMITH S. The Antecedents of Self-esteem[M]. California: Consulting Psychologists Press, 1967.

是人对自己的感觉,关键在于"能力的经验"①;施瑞格(Shrauger)则把自信当作自尊的一个组成部分,他认为自信是一个人对自己的能力或技能的感受,是对自己有效应付各种环境的主观评价②。

国内关于自信的定义也很多:车文博认为,自信是个体相信自己的能力和精力的一种自我意象;黄希庭认为,自信是个体对自己的信任,对自己身体、心理和社会性的信任,表现为有信心、不怀疑;燕国材指出,自信就是相信自己,相信自己所追求的目标是正确的,相信自己有能力和精力去实现所追求的那个正确的目标;杨丽珠认为,自信是个体对自身行为能力与价值的客观认识和充分评估的一种体验,是一种健康向上的心理品质;车丽萍认为,自信是一个多因子、多层次的心理系统,是个体对自己的积极肯定和确认程度,是对自身能力、价值等做出正向认知与评价的一种相对稳定的人格特征。

二、成就动机

成就动机(the achievement motivation)是指个体对自己认为重要的、有价值的事情乐意去做,并努力达到完美的一种内部推动力量。③ 成就动机不同的个体,在面对学习或工作时会产生不同的情感反应,如:有的人会积极地向往成功,充满自信,较少忧虑,乐于接受困难的任务;有的人则消极地对待工作,害怕失败的体验,对可能造成失败的情境敏感、担忧,易于焦虑。可见,成就动机的强弱会对个体潜在的能力与知识经验的发挥、应用产生不同的作用,会对其成就行为产生巨大的影响。

成就动机是比较稳定的因素。从个人角度来说,成就动机是一个人在社会化过程中逐渐形成的适应社会生活的重要心理素质之一,是激励自我取得成就和推动自我向前的重要心理机制,同时也是一个人事业成功的关键因素。就社会学意义而言,人们的成就动机水平与经济的增长、社会财富的积累、技术的进步等一起被视为社会繁荣进步的重要指标。大学生成就动机的内容主要是实现自身的价值,充分发挥自己的潜力,希望自己的追求能符合社会的需要,并获得社会的认可。成就动机具有内隐性,它通过集中注意力、积蓄力量、降低知觉阈限、提高敏感性来促进学习。④

---

① BASCH C E. Focus Group Interview: An Underutilized Research Technique for Improving Theory and Practice in Health Education[J]. Health Education Quarterly,1987,14(4):411-448.
② 汪向东,王希林,马弘.心理卫生评定量表手册[J].中国心理卫生杂志,1993(Z):260-263.
③ MELDMAN M J. A Theory of Achievement Motivation[J]. Psychosomatics,1967,8(4):247-248.
④ 解翠玲.大学生成就动机的发展特点研究[J].内蒙古师范大学学报(哲学社会科学版),2007,36(4):76-78.

三、归因

归因(attribution)是指人们对他人或自己行为原因的推论过程。具体来说,就是观察者对他人或自己的行为过程和结果所进行的因果解释和推论。归因有广义和狭义之分,广义的归因是指人对自然现象、社会现象、精神文化现象等做出解释、说明的过程。从这个意义上来说,人的一切认识过程都是归因过程。狭义的归因专指心理学意义上的归因,即个体根据行为或事件的结果,通过感知、思维、推理等内部信息加工过程来确定造成该结果的原因的认知活动。

归因方式(attribution style),也叫归因风格或解释方式,是指个体在过去经验和当前期望的基础上,对不同的事件或行为以一种相似的或习惯性的方式做出原因推理的倾向性。也就是说,归因方式是指人们倾向于对不同的事件做出类似的原因解释。因此,归因方式是一个认知的个性变量,是个体人格特征的重要表现形式之一,用来评定当人们遇到事件时所做出的一般的原因解释。

四、归因理论

1. 习得性无助感的归因理论

习得性无助感是指有机体接连不断地受到挫折,便会产生无能为力、听天由命的心态。这个概念最初来自美国心理学家塞里格曼(Seligman)等人的经典实验。① 阿布拉姆森(Abramson)认为不相依的归因决定了一个人所感受到的无助感的强弱。德维克(Dweck)等人认为关于自我的信念能调节感觉到的行为及其结果之间的相依性。伯翰(Burhans)在目标理论和有关信念的基础上提出一种更广泛的、被评为"好"与"坏"的自我观念可能调节着无助反应,同时认为把自我观念当作相依价值的目标是无助感产生的充分条件。他们提出把自我当作相依价值目的的自我评价目标,这些目标可能属于品质、能力、身体外表或简单行为。当他人的判断被认为是价值的指征时,自我评价目标可能采取寻求他人的积极判断、逃避消极判断的普遍形式。②

2. 韦纳的归因理论

美国心理学家伯纳德·韦纳(Bernard Weiner)提出了归因的三维模式,包

---

① 周国韬.习得性无力感理论再析[J].心理科学,1994(5):297-301.
② 刘志军,钟毅平.习得无助感理论发展研究的简评[J].心理科学,2003,26(2):374-375.

括控制点、稳定性和控制性。控制点也就是部位,是个体对于控制自己生活的因素的认知或个体对自己行为结果的责任的认知,分为内部控制和外部控制。内部控制是指个体认为自身具有的内部因素主宰着自己的行为;外部控制是指个体认为外在的因素主宰着自己的行为。稳定性指的是影响行为结果的力量是否稳定。控制性是指影响行为的因素是可控的还是不可控的。同时,韦纳又提出了解释成败原因的四个因素:自身的能力、努力程度、任务难度和运气。其中,自身能力和努力程度是描述个人特征的内在因素,而任务难度和运气是描述外在环境的外在因素。

3. 自我效能感的归因理论

班杜拉认为,自我效能感源于个体对自身行为无条件的关注或积极强化,并决定成就动机水平。[1] 一个自我效能感高的人,总是相信自己的能力,对自己有信心。当他取得成功时,他的这种能力和信心便得到了强化和证实,就会维持较高的成就动机水平;当任务偶尔失败时,他也会维持积极的动机,努力克服困难并取得成功。相反,自我效能感低的人,不会花太多精力去解决问题,当任务失败时,会更加降低其自我效能感。班杜拉认为,人的自我效能感来自对行为无条件的积极关注或强化,即当一个人的行为总是成功或倍受他人关注时,他的自我效能感就会提高,反之则会降低。但是班杜拉未能说明为什么在有些情况下,人们在遭受失败或受到指责时也同样增强了行为成就的动机水平。这是班杜拉自我效能感归因理论的最大不足之处。

五、归因偏差

人们在对自己或他人的行为做出归因时,并不总是既合逻辑又合情理的,在归因的过程中,往往会出现归因偏差。典型的归因偏差主要有以下两种:认知性偏差和动机性偏差。个体在归因的过程中,对有自我卷入的事情的解释会带有明显的自我价值保护倾向,即归因向有利于自我价值确立的方向倾斜。这种归因可以看作是一种自我保护,即一般人对于良好的行为都采取居功的态度,而对于不好的、欠妥的行为则会否认自己应负的责任。在成败归因中,个体在成功时倾向于内部归因,失败时则很少用个人特征来解释,而是倾向于外部归因。成功时的内部归因有利于自我价值的确定,失败时的外部归因能够减少自己对失败的责任,是一种自我防卫。在竞争条件下,个体倾向于把他人的成功归于外部因素,从而减少他人的成功对自己带来的压力;如果他人失

---

[1] 张大均.教育心理学[M].第2版.北京:人民教育出版社,2004:95-96,100-102.

第四章 大学生自信与自卑的研究

败了,则倾向于对他人进行内部归因。对他人的成败归因,个体均有明显的使自己处于有利位置、以保护自我价值的倾向。

六、自卑感

自卑感是日常生活中众所周知的概念,也是社会科学中使用较为广泛的概念之一。对自卑感进行研究,首先要给自卑感下一个具有可操作性的定义。"自卑感"在《汉语词典》(商务印书馆,1980年出版)中的解释为:轻视自己,认为无法赶上别人,又称自卑。"卑"原为地位低下、品质低劣,"自卑"就是把自己看得很低。中国近代心理学家们对自卑感有不同的看法。车文博认为自卑感是一种觉得自己低人一等的惭愧、羞怯、畏缩甚至灰心的复杂情感。① 林崇德认为自卑感是指自我评价偏低。

自卑的英文为"inferiority",出自奥地利心理学家阿德勒(Adler)的个人心理学②。自卑感是指个人对自己的消极态度,对自己所具备的条件及所作所为感到不满,认为自己的存在价值缺乏重要性,在生活中缺乏安全感,自己想做的事不敢去做。

因此,自卑不仅仅是个体对自我的消极评价,还是一种伴随和基于消极评价而产生的拒绝自我的情感性体验,即对自我的评价过低,以及由此产生的消极情感状态。

七、自杀态度

自杀态度是指个体对自杀行为、自杀者等所持有的一种具有持久性与一致性的看法和认知。每一种态度都包含着一定的行为倾向,不同的社会态度会对个体行为产生不同的影响,也会影响他人的行为。自杀态度共有三种:肯定、认可、理解和宽容的态度;矛盾或中立的态度;反对、否定、排斥和歧视的态度。

中国每年因自杀死亡人数约为29万,每年有200万自杀未遂者接受医学治疗,自杀已成为年轻人死亡的首位原因。这一严重社会现象逐渐引起了社会与学界的高度关注。

---

① 车文博.心理咨询大百科全书[M].杭州:浙江科学技术出版社,2001:125-130.
② 阿德勒.自卑与超越[M].黄光国,译.北京:作家出版社,1986:10-15.

第三节　研究目的与意义

一、研究目的

近年来我国大学生逐渐增多,大学生存在的问题也越来越凸显。其中一个比较显著的问题就是,大学生自杀现象不断出现。本研究通过深入探讨大学生的自信,以便更全面地了解影响大学生自信的因素,同时为预防大学生自卑提供一定的帮助,为大学生心理健康教育工作提供理论依据,以期进一步丰富相关研究的内涵。

二、研究意义

(一)理论意义

国内有关大学生成就动机、归因方式及自信心的现状分析和相关研究相对较少,对三者关系的整体研究尚未见报道。本研究通过了解大学生的成就动机、归因方式,分析成就动机和归因方式是如何影响大学生的自信心的,并初步探讨成就动机和归因方式对大学生自信心的影响机制。对自信和自卑感的探索,将为大学生自信心的研究提供理论依据,为促进大学生心理健康、有效改善大学素质教育提供思路和理论依据。

(二)现实意义

自信心是人类心理生活中最为基本的内在品质之一。自信是大学生积累社会阅历与经验的通行证,是大学生走向成功的试金石。自信心的强弱,将在某种程度上决定与制约着一个人的发展。青年时代是一个人自信心形成的关键时期,大学生有意识地提升自信心对个人的健康成长具有十分重要的现实意义。

第四节　大学生自信与家庭功能的关系研究

关于自信的定义很多,不同研究者因对自信的理解和研究侧重点不同,对其所下的定义也各异。车丽萍认为,自信是一个多维度、多层次的心理系统,是个体对自己的积极肯定和确认程度,是对自身能力、价值等做出正向认知与

第四章 大学生自信与自卑的研究

评价的一种相对稳定的人格特征。自信水平较高的个体具有更强的自我调控能力[①],自信能帮助个体控制、调节和组织心理活动,并在这一过程中指导思想、情绪、行为和目标。此外,自信水平较高的个体的心理健康水平也相对较高。自信对心理健康的贡献已经得到有关证据的支持,如毕重增和黄希庭发现自信水平低会伴随着高度的焦虑和抑郁。[②]总之,自信正在以其弥散性特征影响着大众生活的方方面面。

家庭功能是指家庭作为一个系统所发挥的有利的作用。家庭对儿童发展的影响主要表现在家庭功能上。国内外学者研究发现,父母与儿童的沟通水平、儿童的情感反应和行为控制水平,以及家庭内部的人际关系等均与儿童的智力发展有关[③],家庭功能直接影响子女的社会化[④]。但是,美国心理学者哈里斯(Harris)提出的群体社会化发展理论(Group Socialization Theory of Development)却认为,家庭系统对儿童心理特征没有长期的影响,儿童在家庭中习得的行为并不总能迁移到家庭之外的环境中去,儿童是独立地习得在家庭内和家庭外的行为的。可见,哈里斯的观点在某种程度上与其他研究者的结论有不一致之处。那么,对于已为成人的大学生而言,家庭功能是显著影响其自信心,还是如哈里斯所言,因为家庭系统对儿童心理特征没有长期的影响,所以家庭功能对大学生的自信心就没有显著的预测作用?本研究尝试对这一问题进行初步探讨,以期为我国家庭教育和学校教育的理论研究与实践探索提供参考。

一、对象、工具与方法

(一)对象

随机抽取国内某高校 220 名大学生进行问卷调查,最终收回有效问卷 197 份。其中,男生 91 人,女生 105 人,1 人未填写性别;家庭居住地为城镇的有 73 人,为农村的有 122 人,2 人未填写家庭住址;文科专业的有 79 人,理科专业的有 97 人,艺体专业的有 21 人;大一 19 人,大二 65 人,大三 67 人,大四 46 人。所有被试的平均年龄为 21 岁。

---

① 黄希庭,徐凤姝.大学生心理学[M].上海:上海人民出版社,1988:162.
② 毕重增,黄希庭.清晰度对自信预测效应的影响[J].心理科学,2006,28(2):271-273.
③ 张镜源,陈达光.家庭职能与儿童智商初步探讨[J].中国心理卫生杂志,1997,11(5):286-287.
④ 郑希付.不同家庭的子女心理健康水平调查[J].中国学校卫生,1997,18(1):26.

(二)工具

1. 个人评价量表

采用个人评价量表(Personal Evaluation Scale,PES)测量自信水平。该量表共包括6个分量表:学业表现、体育运动、外表、爱情关系、同他人交谈及社会作用。除了这些分量表之外,还有一些条目用于评定总体自信水平和有可能影响自信判断的心境状态。被试的分数越低表示越自信。

2. 家庭功能评定量表

家庭功能评定量表(Family Assessment Device Scale,FADS)是依据家庭功能模式编制的测定家庭系统各方面功能的量表,翻译后的量表具有良好的信度和效度[①]。该量表共有60个条目,采用4级评分法,包含7个分量表:问题解决、信息沟通、角色扮演、情感反应、情感介入、行为控制、家庭功能总分。被试的分数越低表示家庭功能越好,分数越高表示家庭功能越倾向于不健康。

(三)方法

两份问卷同时发给被试,由主试宣读指导语,被试在理解答题要求之后一次性完成两份问卷。采用SPSS 12.0统计软件对数据进行统计分析。

二、结果

(一)个人评价量表的总体情况

197名大学生的个人评价量表的总体情况见表4-4-1。

表4-4-1 个人评价量表的总体情况

	学业表现	体育运动	外表	爱情关系	同他人交谈	社会作用	自信总分
M	2.24	2.41	2.36	2.42	2.40	2.29	2.51
SD	0.33	0.57	0.47	0.46	0.46	0.40	0.39

(二)家庭功能评定量表的总体情况

如表4-4-2所示,家庭功能总分最低,说明大学生从整体上对家庭功能的评价积极,高于其他因子;行为控制和情感反应因子的得分最高,说明大学生

---

① EPSTEIN N B,BALDWIN L M,BISHOP D S. The McMaster Family Assessment Device[J]. Journal of Marital and Family Therapy,1983,9(2):171-180.

第四章 大学生自信与自卑的研究

认为家庭在这两个因子上发挥的作用最小。

表 4-4-2 家庭功能评定量表各因子的总体情况

	问题解决	信息沟通	角色扮演	情感反应	情感介入	行为控制	家庭功能总分
M	2.12	2.20	2.23	2.31	2.14	2.31	1.98
SD	0.36	0.38	0.28	0.40	0.39	0.29	0.38

(三)大学生自信和家庭功能各因子在性别、家庭居住地上的差异

为探讨大学生自信心和家庭功能的特点,以大学生自信和家庭功能各因子为因变量,分别在性别、家庭居住地两个维度上进行 t 检验。结果发现,大学生在体育运动、同他人交谈、社会作用、自信总分 4 个因子上存在显著的性别差异,女生在这 4 个因子上的得分都显著高于男生,说明男生在这 4 个因子上的自信水平显著高于女生(见表 4-4-3)。大学生在行为控制及同他人交谈因子上存在显著的家庭居住地差异,来自城镇的大学生在行为控制上的得分显著低于来自农村的大学生,这说明来自城镇的大学生更认可家庭所发挥的行为控制功能。来自城镇的大学生在同他人交谈因子上的得分显著低于来自农村的大学生,表明来自城镇的大学生在同他人交谈因子上的自信评价显著高于来自农村的大学生(见表 4-4-4)。

表 4-4-3 大学生自信各因子在性别上的差异检验($M\pm$SD)

	男($n=91$)	女($n=105$)	t
体育运动	11.21±2.75	12.72±2.72	−3.88***
同他人交谈	15.12±2.95	16.45±3.21	−2.99**
社会作用	15.56±3.05	16.45±2.57	−2.21*
自信总分	16.60±2.67	18.34±2.58	−4.63***

表 4-4-4 大学生行为控制和同他人交谈因子在家庭居住地上的差异检验($M\pm$SD)

	城镇($n=73$)	农村($n=122$)	t
行为控制	20.29±2.47	21.11±2.59	−2.18*
同他人交谈	15.14±3.31	16.30±2.91	−2.57*

(四)大学生自信各因子与家庭功能各因子的相关分析

由表 4-4-5 可以看出,问题解决与爱情关系、同他人交谈、社会作用存在显著相关;信息沟通与学业表现、外表、爱情关系、同他人交谈、社会作用、自信总分存在显著相关;角色扮演与学业表现、爱情关系、同他人交谈、社会作用存在显著相关;情感反应与同他人交谈、社会作用存在显著相关;情感介入与学业表现、外表、爱情关系、同他人交谈、社会作用存在显著相关;行为控制与学业表现、外表、同他人交谈、社会作用、自信总分存在显著相关;家庭功能总分与学业表现、外表、爱情关系、同他人交谈、社会作用存在显著相关。

表 4-4-5 大学生自信各因子与家庭功能各因子的相关分析

	学业表现	体育运动	外表	爱情关系	同他人交谈	社会作用	自信总分
问题解决	0.13	0.05	0.00	0.16*	0.26***	0.15*	0.05
信息沟通	0.16*	0.06	0.20**	0.22**	0.33***	0.33***	0.16*
角色扮演	0.29***	0.06	0.08	0.17*	0.18*	0.16*	0.04
情感反应	0.11	0.02	0.05	0.08	0.26***	0.19**	0.07
情感介入	0.18*	0.01	0.16*	0.16*	0.21**	0.21**	0.06
行为控制	0.15*	0.13	0.18*	0.11	0.27***	0.22**	0.15*
家庭功能总分	0.26***	0.03	0.21**	0.22**	0.27***	0.22**	0.11

(五)大学生性别、家庭居住地、家庭功能各因子与自信各因子的多元回归分析

以性别、家庭居住地、家庭功能评定量表中的 7 个因子为预测变量,分别以个人评价量表中的 7 个因子为效标变量(见表 4-4-6),采用逐步多元回归分析法对数据进行分析,确定影响自信的主要因子。结果发现:性别、信息沟通对自信总分有显著的预测作用;角色扮演、家庭功能总分对学业表现有显著的预测作用;性别对体育运动有显著的预测作用;性别、信息沟通对外表有显著的预测作用;信息沟通对爱情关系有显著的预测作用;性别、信息沟通、家庭居住地、情感反应对同他人交谈有显著的预测作用;性别、信息沟通、行为控制对社会作用有显著的预测作用。

第四章 大学生自信与自卑的研究

表 4-4-6 大学生性别、家庭居住地、家庭功能各因子与自信各因子的多元回归分析

	自信总分		学业表现		体育运动		外表		爱情关系		同他人交谈		社会作用	
	β	P	β	P	β	P	β	P	β	P	β	P	β	P
性别	0.33	0.00	—	—	0.27	0.00	0.15	0.03	—	—	0.29	0.00	0.14	0.04
信息沟通	0.15	0.03	—	—	—	—	0.19	0.01	0.22	0.00	0.22	0.00	0.30	0.00
角色扮演	—	—	0.23	0.00	—	—	—	—	—	—	—	—	—	—
家庭功能总分	—	—	0.16	0.04	—	—	—	—	—	—	—	—	—	—
家庭居住地	—	—	—	—	—	—	—	—	—	—	0.19	0.00	—	—
情感反应	—	—	—	—	—	—	—	—	—	—	0.16	0.03	—	—
行为控制	—	—	—	—	—	—	—	—	—	—	—	—	0.14	0.04

表 4-4-7 为大学生性别、家庭功能各因子预测个人评价量表各因子的逐步多元回归分析摘要表。

表 4-4-7 大学生性别、家庭功能各因子预测个人评价量表各因子的逐步多元回归分析摘要表

	选出的顺序变量	R	R^2	ΔR^2	F	净F值	β
自信总分	1. 性别	0.34	0.11	0.11	24.19	24.19	0.33
	2. 信息沟通	0.37	0.14	0.02	14.89	5.07	0.15
学业表现	1. 角色扮演	0.30	0.09	0.09	18.76	18.76	0.23
	2. 家庭功能总分	0.33	0.11	0.02	11.74	4.39	0.16
体育运动	性别	0.27	0.07	0.07	15.31	15.31	0.27
外表	1. 信息沟通	0.20	0.04	0.04	7.52	7.52	0.19
	2. 性别	0.25	0.06	0.02	6.19	4.71	0.15

续表

	选出的顺序变量	R	R^2	ΔR^2	F	净F值	β
爱情关系	信息沟通	0.22	0.05	0.05	9.37	9.37	0.22
同他人交谈	1. 信息沟通	0.32	0.10	0.10	22.11	22.11	0.22
	2. 性别	0.40	0.16	0.06	17.99	12.54	0.29
	3. 家庭居住地	0.44	0.20	0.04	15.31	8.52	0.19
	4. 情感反应	0.46	0.22	0.02	12.88	4.70	0.16
社会作用	1. 信息沟通	0.34	0.11	0.11	24.09	24.09	0.30
	2. 行为控制	0.37	0.14	0.02	15.01	5.39	0.14
	3. 性别	0.39	0.16	0.02	11.54	4.11	0.14

从表4-4-7中可以得出：

(1) 自信总分为效标变量时，进入回归方程的显著变量共有2个，多元相关系数为0.37，其联合解释变异量为0.14，即这2个变量能联合预测自信总分14%的变异量。就个别变量的增加解释量来看，性别层面的预测力较佳，其增加解释量为11%，信息沟通次之，其增加解释量为2%。标准化回归方程为：自信总分＝0.33×性别＋0.15×信息沟通。

(2) 学业表现为效标变量时，进入回归方程的显著变量共有2个，多元相关系数为0.33，其联合解释变异量为0.11，即这2个变量能联合预测学业表现11%的变异量。就个别变量的增加解释量来看，角色扮演层面的预测力较佳，其增加解释量为9%，家庭功能总分次之，其增加解释量为2%。标准化回归方程为：学业表现＝0.23×角色扮演＋0.16×家庭功能总分。

(3) 体育运动为效标变量时，进入回归方程的显著变量只有1个，多元相关系数为0.27，其解释变异量为0.07，即性别能预测体育运动7%的变异量。标准化回归方程为：体育运动＝0.27×性别。

(4) 外表为效标变量时，进入回归方程的显著变量共有2个，多元相关系数为0.25，其联合解释变异量为0.06，即这2个变量能联合预测外表6%的变异量。就个别变量的增加解释量来看，信息沟通层面的预测力较佳，其增加解释量为4%，性别次之，其增加解释量为2%。标准化回归方程为：外表＝0.19×信息沟通＋0.15×性别。

(5) 爱情关系为效标变量时，进入回归方程的显著变量只有1个，多元相

第四章 大学生自信与自卑的研究

关系数为 0.22,其解释变异量为 0.05,即信息沟通能预测爱情关系 5% 的变异量。标准化回归方程为:爱情关系＝0.22×信息沟通。

(6)同他人交谈为效标变量时,进入回归方程的显著变量共有 4 个,多元相关系数为 0.46,其联合解释变异量为 0.22,即这 4 个变量能联合预测同他人交谈 22% 的变异量。就个别变量的增加解释量来看,信息沟通层面的预测力最佳,其增加解释量为 10%,其次为性别,其增加解释量为 6%,再次为家庭居住地,其增加解释量为 4%,最后为情感反应,其增加解释量为 2%。标准化回归方程为:同他人交谈＝0.22×信息沟通＋0.29×性别＋0.19×家庭居住地＋0.16×情感反应。

(7)社会作用为效标变量时,进入回归方程的显著变量共有 3 个,多元相关系数为 0.39,其联合解释变异量为 0.16,即这 3 个变量能联合预测社会作用 16% 的变异量。就个别变量的增加解释量来看,信息沟通层面的预测力最佳,其增加解释量为 11%,行为控制和性别次之,其增加解释量均为 2%。标准化回归方程为:学业表现＝0.30×信息沟通＋0.14×行为控制＋0.14×性别。

三、讨论

(一)大学生自信各因子在性别上的差异

大学生在体育运动、同他人交谈、社会作用、自信总分 4 个因子上存在显著的性别差异,女生在这 4 个因子上的得分都显著高于男生,说明女生在这 4 个因子上的自信水平显著低于男生,而在自信的其他因子上没有显著的性别差异。该结果与国内外的一些相关研究的结果类似。

从自信总分来看,男生的总体自信水平显著高于女生,这与大多数的研究结果一致[①②]。美国心理学家发现男性坚持自己的看法不动摇的人数明显多于女性,并由此得出结论:女性没有男性自信。

从体育运动因子来看,男生在体育运动因子上的自信水平显著高于女生。该结果与运动心理学的研究结论——在运动操作方面女性的自信水平低于男性相一致[③]。

---

① LIRRG C D,FELTZ D L. Female Self-Confidence in Sport,Myths,Realities,and Enhancement Strategies[J]. Journal of Physical Education, Recreation and Dance,1989,60(3):49-54.
② 窦刚,毕重增,汪宏,等.自信社会认知的自我-同学目标比较分析[J].心理科学,2008,31(4):800-804.
③ CORBIN C B. Sex of Subject,Sex of Opponent Ability as Factors Affecting Self-Confidence in a Competitive Situation[J]. Journal of Sport Psychology,1981,4:265-270.

对于自信的性别差异产生的原因,国外学者进行了解释,他们认为男性善于吹嘘、自夸,有过高估计自己的表现的倾向,而女性则更为谦虚,倾向于低估自己的表现,从而导致了女性自信分数比男性低。[1] 此外,中国文化背景下,传统社会重男轻女的意识在现代社会依然存在,两性在社会化过程中也存在显著差异。许多跨文化研究亦表明,两性经历不同的社会化过程,性别差异主要发生在社会化的过程中。男性在自信和成功方面不断得到积极的肯定与强化,而女性的自信与成功期望则在这个过程中被否定与削弱。家庭、学校与社会都会按照社会公认的性别角色定型对儿童、青少年的人格进行塑造,这就使得女性倾向于对与女性角色相关的事务投入更多,而对与男性角色相关的事务则很少参与,从而导致她们对竞争、学业、事业等活动的信心不足,这些是造成两性自信差异的重要原因。

(二)大学生行为控制因子和同他人交谈因子在家庭居住地上的差异

不同家庭居住地的大学生在家庭功能量表的行为控制因子及个人评价量表的同他人交谈因子上存在显著差异。本研究发现,来自城镇的大学生在行为控制上的得分显著低于来自农村的大学生,这说明来自城镇的大学生更认可家庭所发挥的行为控制功能。有研究者发现,个体的自尊与其所处的社会阶层和社会经济地位有密切关系,不同社会阶层的人的自尊也存在差异。[2] 城镇的经济水平、文化氛围等社会环境因素更优越,城镇家长的文化水平普遍高于农村家长,城镇家庭更有能力去重视家庭教育。来自城镇的大学生在同他人交谈因子上的得分显著低于来自农村的大学生,表明来自城镇的大学生在同他人交谈因子上的自信评价显著高于来自农村的大学生。这与蔡建红的研究结果一致:经济条件好的家庭能为孩子提供较为优越的生活、学习条件,会更加关注孩子的发展,而经济条件较差的家庭则很难为孩子提供良好的条件,致使孩子产生自卑心理,对自己的评价较低。[3] 另外,在城镇长大的孩子接触的世面更广阔,交际圈子比农村的孩子更大,更容易产生心理上的优越感。这种心理上的差别使得来自农村的大学生在与人交往时容易产生自卑心理,畏首畏尾,不敢与他人交往,导致其对自己的评价较低。

---

[1] CORBIN C B,LANDERS D M,FELTZ D L,et al. Sex Differences in Performance Estimates:Female Lack of Confidence vs Male Boastfulness[J]. Research Quarterly for Exercise and Sport,1983,54(4):407-410.

[2] 张文新.初中学生自尊特点的初步研究[J].心理科学,1997,20(6):504-508.

[3] 蔡建红.犯罪青少年的自尊水平及与家庭因素的关系[J].中国临床心理学杂志,1999,7(2):97-98.

第四章 大学生自信与自卑的研究

(三)大学生家庭功能各因子与自信各因子的相关分析

家庭功能各因子与自信各因子的关系具体表现为:问题解决与爱情关系、同他人交谈、社会作用存在显著相关;信息沟通与学业表现、外表、爱情关系、同他人交谈、社会作用、自信总分存在显著相关;角色扮演与学业表现、爱情关系、同他人交谈、社会作用存在显著相关;情感反应与同他人交谈、社会作用存在显著相关;情感介入与学业表现、外表、爱情关系、同他人交谈、社会作用存在显著相关;行为控制与学业表现、外表、同他人交谈、社会作用、自信总分存在显著相关;家庭功能总分与学业表现、外表、爱情关系、同他人交谈、社会作用存在显著相关。关于家庭对自信的影响从来不乏心理学家的论述,精神分析学派历来重视儿童早期经验对成人以后人格的重要作用。个体心理学家阿尔弗雷德·阿德勒(Alfred Adler)认为个人的自卑感起源于婴幼儿时期,是父母对孩子的不良态度所致。[1] 霍尼认为父母对待孩子的态度是影响其人格的重要因素,强调社会文化因素对人格形成的决定作用,认为不良的人际环境如威迫、管教过严、漠不关心、过度保护等,均易导致孩子自卑;而良好的人际环境如温暖、信任、建设性惩罚等,则有利于孩子自信的发展。

(四)大学生性别、家庭居住地、家庭功能各因子与自信各因子的多元回归分析

从整体上说,家庭功能能够较好地预测自信水平,不过家庭功能的不同方面对自信的影响程度不同。具体来看,在学业表现因子上,与学业表现有关的5个家庭功能因子——信息沟通、角色扮演、情感反应、行为控制、家庭功能总分,其中只有角色扮演和家庭功能总分对学业表现具有显著的预测作用,并均呈正相关。这可能是因为角色扮演水平更高的家庭,能为孩子提供充足的生活保障,可以支持孩子的发展,这对孩子学习成绩的提高是有积极意义的。在外表因子上,与外表有关的4个家庭功能因子——信息沟通、情感反应、行为控制、家庭功能总分,其中只有信息沟通对外表具有显著的预测作用,与外表呈正相关。这可能是因为个体对外表的评价更多来自他人反馈的镜像自我,大学生的交际圈并不广,除了学校就是家庭,所以父母是大学生获得镜像自我的重要途径。在同父母的沟通中,学生能了解或调整对自己外表的评价。在爱情关系因子上,与爱情关系有关的5个因子——问题解决、信息沟通、角色扮演、情感介入、家庭功能总分中只有信息沟通对爱情关系具有显著的预测作用。在同他人交谈因子上,家庭功能的7个因子与同他人交谈都存在显著相

---

[1] 黄希庭.人格心理学[M].台北:东华书局,1998:315.

关,但只有信息沟通、情感反应对同他人交谈有显著的预测作用。在社会作用因子上,家庭功能的7个因子和社会作用都存在显著相关,但只有信息沟通、行为控制对社会作用有显著的预测作用。在自信总分上,家庭功能中的行为控制和信息沟通因子与自信总分显著相关,但只有信息沟通对自信总分具有显著的预测作用。

第五节 大学生自信与成就动机、归因方式的关系研究

从马斯洛1943年首次论及自信至今,研究者们从不同角度、以诸多方式对自信开展了研究,均证明自信与其他人格因素及变量是相互联系、相互影响的[1]。例如:在学业领域,国外研究者发现大学生的自信与他们对自身学业成绩的满意度及职业目标相关,自信还与实际名次和成就动机有关[2];在非学业领域,研究发现自信与情感成熟有关,与心理适应之间存在正相关[3],自信的增加与个体对自身心理健康的较高等级评定有关[4]。此外,研究者从计算机课程角度开展研究,发现能力和控制点可显著地影响学生的行为表现及自信。[5] 同时,研究发现自信具有情境、文化成分,不同的国别和文化对自信具有不同的影响。[6]

车丽萍以大学生为被试,对自信与成就动机、自信与归因方式之间的关系进行了研究,得出了有价值的结论。[7] 然而,自信作为一个多因子、多层次的系统,它与其他人格系统之间的关系是错综复杂的,如果单一地探讨其中某个影

---

[1] SANNA L J, MEIER S. Looking for Clouds in a Silver Lining: Self-Esteem Mental Simulations, and Temporal Confidence Changes[J]. Journal of Research in Personality, 2000, 34(2): 236-251.

[2] ZIMMERMAN B J. Self-Efficacy: An Essential Motive to Learn[J]. Contemporary Educational Psychology, 2000, 25(1): 82-91.

[3] DEB M. Some Personality Variables Associated with Adjustment[J]. Journal of Psychological Research, 1985, 9(1): 46-53.

[4] BRYANT F B, VEROFF J. Dimension of Subjective Mental Health in American Men and Women[J]. Journal of Health and Social Behavior, 1984, 25(2): 116-135.

[5] KLEIN J D, KELLER J M. Influence of Student Ability, Locus of Control, and Type of Instructional Control on Performance and Confidence[J]. Journal of Educational Research, 1990, 83(1): 140-146.

[6] LUNDEBERG M A, FOX P W, BROWN A C, et al. Cultural Influences on Confidence: Country and Gender[J]. Journal of Educational Psychology, 2000, 92(2): 152-159.

[7] 车丽萍. 当代大学生自信特点研究[D]. 重庆:西南师范大学,2002.

响因素,则得出的结论难以进行比较和综合,因此应综合考虑多个影响因素,探讨多种可能变量之间的相互作用及影响路径,从而揭示更深层的综合关系。

本研究综合考查成就动机、内外归因两个因素对大学生自信的影响作用及影响路径,以期为促进大学生心理健康、有效改善高校素质教育提供思路和理论依据。

一、对象、工具与方法

(一)对象

被试分别是来自国内某两所高校的在校本科学生。共发放问卷250份,收回问卷246份,有效问卷为222份。其中,男生126人,占被试人数的56.8%;女生96人,占被试人数的43.2%。被试年龄从18岁到26岁,平均年龄为21.4岁。

(二)工具

1. 成就动机量表

采用成就动机量表考查大学生的成就动机。具体介绍见第二章第九节。

2. 内在-外在心理控制源量表

采用内在-外在心理控制源量表考查大学生的归因方式。具体介绍见第三章第四节。

3. 个人评价量表

采用个人评价量表考查大学生的自信水平。具体介绍见第四章第四节。

(三)方法

采用SPSS 17.0统计软件对数据进行处理和分析。

二、结果

(一)各变量的描述性统计结果

各变量的描述性统计结果如表4-5-1所示。

表 4-5-1　各变量的描述性统计结果($n=222$)

变量	n	追求成功动机	避免失败动机	体育运动	学业表现	外表	爱情关系	同他人交谈	社会作用	心境	自信总分	内外归因
男	126	50.23 8.23	45.67 8.66	11.52 3.00	16.64 2.28	14.22 2.53	17.20 3.06	16.59 3.18	16.18 2.92	16.94 2.51	17.03 2.62	11.17 2.91
女	96	49.53 6.79	45.52 6.52	12.58 2.99	16.17 2.25	14.78 2.65	17.29 2.72	16.93 2.58	16.42 2.54	16.86 2.18	17.94 2.28	10.90 3.19
城镇	93	50.33 7.22	45.05 7.36	12.25 3.07	16.69 2.09	14.46 2.50	16.94 2.82	16.78 2.73	15.99 2.68	16.92 2.37	17.65 2.36	11.17 3.12
农村	129	49.64 7.93	46.01 8.10	11.79 3.00	16.26 2.39	14.47 2.67	17.46 2.97	16.70 2.98	16.50 2.80	16.89 2.38	17.2 2.62	10.97 2.97
独生	70	49.99 6.75	45.09 7.47	11.81 3.43	16.44 2.14	14.40 2.32	17.24 2.97	16.87 2.57	16.20 2.41	16.71 2.46	17.56 2.37	10.80 3.02
非独生	152	49.90 8.03	45.85 7.95	12.06 2.84	16.43 2.34	14.49 2.72	17.24 2.90	16.67 3.10	16.32 2.91	16.95 2.34	17.36 2.58	11.17 3.04

注：每个变量的统计结果上行为平均值，下行为标准差。

(二)大学生成就动机、自信、内外归因在人口统计学变量上的差异检验

由表 4-5-2 可知，不同性别的大学生在体育运动和自信总分上存在显著差异，女生得分显著高于男生，这说明男大学生在体育运动上对自己的表现比女大学生更为自信。不同专业的大学生在心境上存在显著差异。而成就动机、自信总分及内外归因在家庭居住地、是否独生上均不存在显著差异。

表 4-5-2　大学生成就动机、自信、内外归因在人口统计学变量上的差异检验

	性别		年级		家庭居住地		是否独生		专业	
	t	P	F	P	t	P	t	P	F	P
追求成功动机	0.68	0.50	2.33	0.08*	0.67	0.50	0.08	0.94	0.09	0.92
避免失败动机	0.15	0.880	1.52	0.212	−0.90	0.37	−0.68	0.50	1.67	0.19
体育运动	−2.61*	0.01*	0.39	0.76	1.11	0.27	−0.56	0.58	1.39	0.25
学业表现	1.55	0.12	0.51	0.68	1.40	0.16	0.03	0.98	1.57	0.21
外表	−1.60	0.11	1.65	0.18	−0.01	0.99	−0.25	0.80	1.21	0.30
爱情关系	−0.24	0.81	0.91	0.44	−1.32	0.19	0.01	0.99	0.14	0.87
同他人交谈	−0.85	0.39	2.33	0.08*	0.22	0.83	0.47	0.64	1.51	0.22
社会作用	−0.63	0.53	0.68	0.57	−1.35	0.18	−0.31	0.76	0.76	0.47
心境	0.22	0.82	1.07	0.37	0.10	0.92	−0.39	0.70	4.17*	0.02
自信总分	−2.70**	0.01*	1.67	0.17	1.12	0.27	0.54	0.59	0.05	0.95
内外归因	0.68	0.50	0.31	0.82	0.49	0.62	−0.85	0.40	1.12	0.33

(三)大学生成就动机、内外归因、自信之间的相关分析

从表4-5-3可以看出,三种人格特征之间存在不同程度的相关性。因为自信量表计分方式的不同,分数越低表示越自信,分数越高表示越不自信。所以,追求成功动机与自信呈显著正相关,与内外归因呈负相关,但未达到显著水平;避免失败动机与自信呈显著负相关,与内外归因呈显著正相关;内外归因与自信呈显著负相关。

表4-5-3 大学生成就动机、内外归因、自信之间的相关分析

	追求成功动机	避免失败动机	内外归因	自信总分
追求成功动机	1.00			
避免失败动机	−0.14	1.00		
内外归因	−0.07	0.14*	1.00	
自信	−0.29***	0.43***	0.27***	1.00

(四)大学生成就动机、内外归因与自信的多元回归分析

采用逐步多元回归分析法研究大学生成就动机、内外归因对自信的预测作用(见表4-5-4)。

表4-5-4 大学生成就动机、内外归因与自信的逐步多元回归分析

变量	R	R^2	ΔR^2	F	净F值	β
避免失败动机	0.43	0.19	0.19	50.98	50.98	0.38
追求成功动机	0.50	0.25	0.07	37.19	19.19	−0.24
内外归因	0.54	0.29	0.04	29.93	11.76	0.20

由表4-5-4可知,有3个预测变量进入了回归方程,多元相关系数为0.54,其联合解释变异量为29%。就个别变量的增加解释量来看,避免失败动机的预测力最佳,其增加解释量为19%,其余依次为追求成功动机、内外归因,二者的增加解释量分别为7%、4%。标准化回归方程为:自信 = 0.38×避免失败动机−0.24×追求成功动机+0.20×内外归因。

(五)大学生成就动机、内外归因与自信之间的路径分析

为了考查大学生成就动机、内外归因与自信的关系模式,采用强迫进入法进行多元回归分析(见表4-5-5),并据此建构图4-5-1所示路径模型。

表 4-5-5　大学生成就动机、内外归因对自信的多元回归参数值

模式一	β	t	模式二	β	t	模式三	β	t
避免失败动机	0.38	6.65***	避免失败动机	0.14	2.08*	避免失败动机	−0.09	−1.27
追求成功动机	−0.24	−4.26***	追求成功动机	−0.06	−0.92			
内外归因	0.20	3.43***						

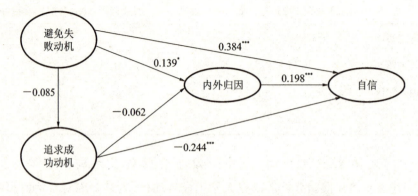

图 4-5-1　成就动机、内外归因与自信的路径模型

由图 4-5-1 可以看出,在大学生成就动机、内外归因与自信的路径模型中,有四条显著路径。其中,避免失败动机与追求成功动机对自信的影响是直接的,产生直接效应;避免失败动机和追求成功动机还以内外归因为中介变量对自信产生间接影响。

三、讨论

(一)大学生追求成功的倾向

统计分析表明,大学生对追求成功有较高的期望,而对失败的种种顾虑和担忧较少,其消极的成就动机较弱。这种数据分布状况对于取得成就较为理想,而且体现和反映了大学生心理与人格发展的特点。大学生的年龄在 18~24 岁,其身体发育正处于迅速走向成熟的阶段,生理成熟为心理成熟提供了必要的物质条件,加上环境和教育的作用,大学生的心理发展日趋成熟。首先,他们的观察力、记忆力、想象力、思维能力达到了成熟水平。其次,他们的情绪逐渐走向成熟。已有研究表明,情绪成熟在 23~25 岁,这时的个体能够学会适应环境、理解社会,并不断谋求自我的稳定和发展。再次,他们的人格逐渐

第四章 大学生自信与自卑的研究

走向成熟。青年期是人格的再造期,身体的发育和性的成熟,以及生活环境与活动内容的转变促使大学生的人格不断走向成熟。人格是由个性意识倾向性、个性心理特征和自我意识三个部分组成的有机整体,其中自我意识是综合人格的核心。大学生人格的成熟,以他们的自我意识的确立和发展为契机。由于抽象逻辑思维占主导地位,大学生的自我意识出现强烈的"成人感"和"独立感"。特别是90后大学生,他们的心理成熟得较早,对独立的渴望更迫切。随着社会竞争压力愈来愈大,大学生自身主体意识、独立意识、成才意识逐渐加强,社会竞争与成就气氛所带来的个人成就感,这些内外因素错综交织,共同导致了大学生对成功的高期望值。

(二)性别与成就动机水平的关系分析

本研究显示,在追求成功动机和避免失败动机方面,男生得分均稍高于女生,但相差不大,这与以往的研究结果一致。

首先,从外部因素来看,成就动机是在后天的社会环境中形成的。改革开放四十多年来的宽松、良好的社会环境是促进大学生成才的摇篮。我国经济的发展为大学生提供了更多的就业机会,大多数职业对性别的要求逐渐淡化,从而扩大了女大学生的就业领域,为她们提供了更多的挖掘自身潜能的机会,增强了女大学生对追求事业成功的期望。另外,随着时代的进步,人们的思想观念发生了巨大变化。人们不再以"男主外、女主内"等观念去苛求女性,而是对女性追求成功的行为予以支持和鼓励,这也促进了女大学生成就动机的形成。

其次,从内部因素来看,女大学生自身的特点进一步强化了成就动机的性别差异。生物学研究发现,女生发育比男生早一到两年。进入大学后,男生刚刚步入青年早期,而女生已经进入青年中期。伴随着生理发育的成熟,女大学生的自我意识、主体意识和独立意识逐步增强,她们对自己的认识和评价更趋于全面、乐观和稳定,这大大增强了她们对成功的信心。随着受教育程度的逐步提高,女大学生各方面的素质得到进一步发展,她们更加自尊、自信、自强,从而表现出较高的追求成功的倾向。

(三)大学生成就动机与自信的相关分析

本研究发现,大学生追求成功动机、避免失败动机和自信之间存在显著相关。对三者之间关系的综合考查发现,追求成功动机与自信呈显著正相关,即大学生追求成功的愿望越强烈,对自身诸方面的肯定与确认也就越多。也就是说,大学生追求成功的动机水平越高,其自信水平就越高。本研究的结果与车丽萍的研究结果部分一致,追求成就动机与自信呈正相关。避免失败动机与自信呈显著负相关,即大学生回避失败的动机越强烈,对自身诸方面的否认就越多,就越不自信。

(四)大学生归因方式与自信的相关分析

本研究结果显示,内外归因与自信之间存在显著的负相关。这是由于内外归因的得分越高表示越外控,即个体倾向于认为事件结局是由外部因素影响所致,认为自己无法对事情的结果负责,因而不主动采取行动,甚至放弃努力。内部归因者一般具有一种乐观主义的"自我定向",有一套自己的标准,并积极追求有价值的目标;而外部归因者一般不愿意去做一些自己认为没必要的努力和尝试,他们具有一种悲观主义的"他人定向",没有主见,一味地听从他人的摆布。因此,越是把自己的成功归因于内部环境者,自信水平就越高;越是把自己的成功归因于外部环境者,自信水平就越低。

从本研究的结果中可以看出,不同的归因方式将会产生不同的成就动机水平。大学生正处在人生最好的年华,对未来抱着极大的期望。但是随着社会竞争压力越来越大,越来越多的大学生不自信。倾向于内部归因的大学生比倾向于外部归因的大学生更自信。倾向于内部归因的大学生在遇到困难时会积极地面对,并努力解决困难;倾向于外部归因的大学生在遇到困难时会选择逃避。

(五)大学生追求成功动机、避免失败动机与内外归因的相关分析

从本研究的结果中可以看出,追求成功动机与内外归因呈负相关,避免失败动机与内外归因呈正相关。追求成功的动机越强的大学生,越倾向于内部归因;追求成功的动机越弱的大学生,越倾向于外部归因。避免失败的动机越强的大学生,越倾向于外部归因;避免失败的动机越弱的大学生,越倾向于内部归因。

(六)大学生追求成功动机、避免失败动机、内外归因与自信的回归分析

回归分析结果表明,追求成功动机、避免失败动机和内外归因等变量对自信有显著的预测作用,三个变量能联合解释自信29%的变异量。本研究发现,大学生的追求成功动机、避免失败动机与内外归因是预测自信的关键变量。通过路径分析可以看出,追求成功动机、避免失败动机与内外归因对大学生的自信有直接影响。

第六节 大学生自卑感与自杀态度的关系研究

国内学者研究发现,大学生自卑不仅仅是个体对自我的消极评价,同时还是一种伴随和基于消极评价所产生的拒绝自我的情感性体验,即个体对自我评价过低,并由此而产生的消极情感状态。由此可知,自卑很有可能会影响个体的身心健康,并可能导致严重的后果。本研究旨在考查大学生自卑感与自杀态度的关系。

一、对象与工具

(一)对象

随机抽取国内某高校的300名大学生并发放问卷,收回问卷268份,其中有效问卷252份。

(二)工具

1. 自卑感量表

采用自卑感量表(Feeling of Inferiority Scale,FIS)考查大学生的自卑感。该量表包括自敬、社交自信、学习能力、外表自信和体能5个因子,内部一致性系数为0.75。

2. 自杀态度量表

采用肖水源、杨洪、董群惠、杨德森编制的自杀态度量表(Suicide Attitude Scale,SAS)。该量表共有29个条目,都是关于自杀态度的陈述,包括4个因子:对自杀行为性质的认识、对自杀者的态度、对自杀者家属的态度、对安乐死的态度。量表具有良好的信效度,内部一致性系数为0.85。

二、结果

(一)大学生自卑感的描述性统计结果

对自卑感数据进行描述性统计,结果如表4-6-1所示。

表4-6-1 大学生自卑感的描述性统计结果($M \pm SD$)

	自敬	社交自信	学习能力	外表自信	体能
被试总体	36.75±6.30	56.06±12.76	32.83±6.43	21.91±5.83	21.86±6.40
男	37.55±5.50	57.96±12.46	33.27±6.68	22.93±5.77	23.79±5.89

续表

	自敬	社交自信	学习能力	外表自信	体能
女	36.41±6.60	55.25±12.84	32.64±6.34	21.48±5.82	21.04±6.45
大一	37.03±6.61	56.78±13.31	32.28±6.87	22.03±5.47	22.60±6.79
大二	36.74±6.24	55.14±11.79	33.10±6.00	21.63±6.02	21.88±5.85
大三	36.40±6.22	57.00±14.71	32.53±6.80	22.36±5.92	20.79±7.35
大四	36.70±5.96	56.70±9.18	35.20±6.44	22.00±6.36	21.90±3.96
城镇	36.65±6.18	55.10±12.60	33.44±6.57	21.73±5.00	22.03±6.31
农村	36.81±6.40	56.72±12.88	32.41±6.33	22.04±6.36	21.74±6.48
文科	36.71±6.67	55.96±12.80	32.68±6.57	22.49±6.06	21.21±6.89
理科	36.97±6.05	55.31±12.29	33.36±6.15	21.01±5.66	21.88±5.82
艺体	36.20±5.92	55.31±14.15	31.74±6.82	22.69±5.37	23.89±6.14

(二)大学生自卑感在性别、年级、家庭居住地和专业上的差异检验

为了进一步比较不同性别、年级、家庭居住地和专业的大学生在自卑感的5个因子上的差异,以自卑感的5个因子为因变量,分别以性别、年级、家庭居住地和专业为自变量进行差异检验,结果如表4-6-2所示。

表4-6-2 大学生自卑感在性别、年级、家庭居住地和专业上的差异检验

	性别		年级		家庭居住地		专业	
	t	P	F	P	t	P	F	P
自敬	2.59	0.11	0.10	0.96	0.09	0.76	0.20	0.82
社交自信	0.45	0.50	0.38	0.77	0.09	0.76	0.52	0.59
学习能力	0.02	0.89	0.74	0.53	0.01	0.91	0.88	0.42
外表自信	0.08	0.78	0.20	0.90	6.79**	0.01	2.12	0.12
体能	1.88	0.17	0.81	0.49	0.04	0.83	2.36	0.10

通过差异检验发现,自卑感的各个因子在性别、年级和专业上均不存在显著差异。但是,自卑感的外表自信因子在家庭居住地上存在显著差异。

(三)大学生自杀态度的描述性统计结果

对自杀态度的数据进行描述性统计,结果如表4-6-3所示。

第四章 大学生自信与自卑的研究

表 4-6-3 大学生自杀态度的描述性统计结果（$M \pm SD$）

	对自杀行为性质的认识	对自杀者的态度	对自杀者家属的态度	对安乐死的态度
被试总体	28.32±5.33	24.98±5.36	12.31±2.42	13.55±3.65
男	27.97±5.62	23.79±5.03	11.84±2.48	13.76±4.04
女	28.46±5.21	25.48±5.42	12.51±2.37	13.46±3.48
大一	28.78±5.36	25.94±5.60	12.44±2.69	14.22±3.58
大二	28.03±4.93	24.74±5.17	12.15±2.31	13.34±3.56
大三	28.66±6.12	24.49±5.47	12.34±2.40	13.04±3.66
大四	26.60±5.27	23.40±4.77	13.10±1.66	13.80±4.87
城镇	28.58±5.70	24.67±5.23	12.47±2.47	13.60±3.73
农村	28.13±5.06	25.19±5.45	12.20±2.38	13.51±3.60
文科	28.34±5.38	25.11±5.38	12.29±2.26	13.40±3.34
理科	28.58±5.55	24.63±4.89	11.94±2.44	13.74±4.04
艺体	27.46±4.49	25.57±6.55	13.46±2.57	13.46±3.46

（四）大学生自杀态度在性别、年级、家庭居住地和专业上的差异检验

为了进一步比较不同性别、年级、家庭居住地和专业的大学生在自杀态度的 4 个因子上的差异，以自杀态度的 4 个因子为因变量，分别以性别、年级、家庭居住地和专业为自变量进行差异检验，结果如表 4-6-4 所示。

表 4-6-4 大学生自杀态度在性别、年级、家庭居住地和专业上的差异检验

	性别		年级		家庭居住地		专业	
	F	P	F	P	t	P	t	P
对自杀行为性质的认识	0.22	0.64	0.71	0.55	3.20	0.08	0.58	0.56
对自杀者的态度	0.05	0.83	1.30	0.27	0.06	0.81	0.46	0.63
对自杀者家属的态度	0.24	0.63	0.61	0.61	0.05	0.83	5.32	0.01**
对安乐死的态度	1.33	0.25	1.31	0.27	0.02	0.89	0.24	0.79

通过差异检验发现，自杀态度的各个因子在性别、年级和家庭居住地上均不存在显著差异，但自杀态度中的对自杀者家属的态度因子在专业上存在显著差异。为了探讨具体的差异，进行了事后多重比较，结果如表 4-6-5 所示。

表 4-6-5　大学生对自杀者家属的态度在专业上的差异的事后多重比较

	文科	理科	艺体
文科	12.29		
理科	11.94	11.94	
艺体	13.46*	13.46**	13.46

通过多重比较发现,在对自杀者家属的态度上,艺体生与文科生、理科生都存在显著差异,艺体生的平均分显著高于文科生和理科生,文科生的平均分高于理科生。

(五)大学生自卑感和自杀态度的关系

为了探讨大学生自卑感和自杀态度的关系,对数据进行相关分析,结果如表 4-6-6 所示。

表 4-6-6　大学生自卑感和自杀态度的相关分析

	对自杀行为性质的认识		对自杀者的态度		对自杀者家属的态度		对安乐死的态度	
	r	P	r	P	r	P	r	P
自敬	0.10	0.12	0.01	0.83	−0.01	0.89	0.09	0.16
社交自信	0.08	0.20	−0.18**	0.00	−0.12	0.06	0.09	0.14
学习能力	0.01	0.86	−0.16*	0.01	−0.10	0.13	0.02	0.71
外表自信	0.04	0.53	−0.12	0.06	−0.04	0.50	0.27***	0.00
体能	0.12*	0.05	−0.09	0.15	−0.07	0.27	0.14*	0.02

从表 4-6-6 中可知,自卑感中的社交自信和学习能力两个因子与自杀态度中的对自杀者的态度因子存在显著相关。自卑感中的体能因子与自杀态度中的对自杀行为性质的认识因子存在显著相关。同时,自卑感中的外表自信和体能两个因子与自杀态度中的对安乐死的态度因子存在显著相关。

以自卑感中的体能因子为自变量,以自杀态度中的对自杀行为性质的认识因子为因变量进行逐步回归分析,结果如表 4-6-7 所示。以体能为预测变量预测效标变量(对自杀行为性质的认识)时,体能进入了回归方程,其解释变异量为0.12,即体能这个变量能够预测对自杀行为性质的认识12%的变异量。

表 4-6-7　体能与对自杀行为性质的认识的回归分析

	β	P	t
体能	0.12	0.05	1.98

第四章 大学生自信与自卑的研究

以自卑感中的社交自信因子与学习能力因子为自变量,以自杀态度中的对自杀者的态度因子为因变量进行逐步回归分析,结果如表 4-6-8 所示。以社交自信和学习能力为预测变量预测效标变量(对自杀者的态度)时,社交自信进入了回归方程,其解释变异量为 0.18,即社交自信能够预测对自杀者的态度 18%的变异量。

表 4-6-8　社交自信与对自杀者的态度的回归分析

	β	P	t
社交自信	−0.18	0.00	−2.93

以自卑感中的外表自信因子为自变量,以自杀态度中的对安乐死的态度因子为因变量进行逐步回归分析,结果如表 4-6-9 所示。以外表自信为预测变量预测效标变量(对安乐死的态度)时,外表自信进入了回归方程,其解释变异量为 0.27,即外表自信这个变量能够预测对安乐死的态度 27%的变异量。

表 4-6-9　自卑感与对安乐死的态度的回归分析

	β	P	t
外表自信	0.27	0.00	4.38

三、讨论

(一)大学生自卑感的特征

本研究发现大学生自卑感在性别、专业、年级上没有显著差异。蒙家宏对大学生自卑心理的研究结果表明,男女大学生自卑感在学习、社会交往、爱情和家庭方面都没有显著差异。[1] 在年级上的结果不一样可能是由于本研究的被试样本太小所致。本研究发现,大学生自卑感的外表自信因子在家庭居住地上存在显著差异。来自城镇的大学生比农村的大学生对自己的外表更自信。这可能与成长环境有关,在城镇成长的大学生更在意自己的外表,也有更多的审美需求。

(二)大学生自杀态度的特征

大学生自杀态度的各个因子在性别、年级、家庭居住地上不存在显著差异,但自杀态度中的对自杀者家属的态度因子在专业上存在显著差异。在对自杀者家属的态度上,艺体生与文科生、理科生都存在显著差异,艺体生的平

---

[1] 蒙家宏. 大学生自卑心理研究[D]. 重庆:西南师范大学,2005.

均分显著高于文科生和理科生，文科生的平均分高于理科生。王艳芝、李彦牛、杨轶对大学生的自杀态度及其影响因素进行了研究，结果表明性别、专业对自杀态度不同层面影响的差异有统计学意义（$P<0.01$），女生比男生更否定自杀行为，但比男生更认可安乐死；与理科生相比，文科生对自杀持更认可和理解的态度。高校在对大学生进行心理健康教育时，应特别关注文科生这一群体。因为相对于理科生而言，文科生思维活跃、情感丰富，更注重生活的浪漫与情调，对将来生活的质量要求较高，这种强烈的需求与自己的能力和社会现实的满足状况形成矛盾，导致文科生更容易产生消极的情感体验，从而影响他们对自我、他人、社会的评价，长此以往，容易对生活失去信心。这个结果也可能与性别有关，一般情况下，女性性格柔弱，面对自杀行为，大多数的女性不易接受。

（三）大学生自卑感和自杀态度的关系

本研究表明，自卑感中的社交自信和学习能力两个因子与自杀态度中的对自杀者的态度因子存在显著相关，外表自信和体能两个因子与自杀态度中的对安乐死的态度因子存在显著相关，同时自卑感中的体能因子与自杀态度中的对自杀行为性质的认识存在显著相关。社交自信因子得分越高，对自杀者的态度因子的得分也越高；外表自信因子得分越高，对安乐死的态度因子的得分也越高；体能因子得分越高，对自杀行为性质的认识因子的得分也越高。

本研究还发现，自卑感中的体能因子能预测自杀态度中的对自杀行为性质的认识12％的变异量；自卑感中的社交自信因子能预测对自杀者的态度18％的变异量；自卑感中的外表自信因子能预测对安乐死态度27％的变异量。

致　谢

从2004年以来，我的研究团队就特别关注自我的研究，尤其是青年学生的自我研究。这本专著可以说是我这些年来研究的结晶。特别感谢我的合作伙伴谷利成老师为书稿付出了大量的精力和时间。很多研究生、本科生也投入此项研究工作中，研究生向玉、李琪对书稿做了细致的修改，本科生李晓莉、罗向、杨颖霞、谭晓凤、刘春华、张清玉、向青、姚兰婷、陈帮彬、李国芳、姚荣倩、张旭、王萍萍、陈玲、卢玉琼、陈红、周媛媛、李娇、席梦婷、罗小虎等参与了数据的收集，协助我顺利完成所有的研究。这本专著凝聚着他们的心血，所取得的成绩与他们的努力是分不开的。

感谢在工作上给予我帮助和支持的华中科技大学教育科学研究院的领导和同事，他们为我的研究工作提供了坚实的平台和广阔的空间。特别感谢王小月书记、陈廷柱院长、张俊超副院长、李太平副院长、马志凤副书记、张江涛主任、杨静老师对我工作的大力支持。感谢陈建文教授、张应强教授、刘长海教授、余东升教授、陈敏教授、雷洪德教授、李伟副教授、郭卉教授、朱新卓教授、刘献君教授、贾永堂教授、柯佑祥教授、骆四铭教授、于海琴副教授、黄芳副教授、余保华副教授、彭湃副教授、魏曙光副教授、蔺亚琼副教授、李函颖副教授、任学柱副教授、张青根副教授、张洋磊副教授、王小青老师、孙婧老师、洪敏老师、段斌斌老师、曾伟老师、许宏老师、刘雅老师、陶燕老师、夏薇老师、吴娜博士、余荔博士对我工作的悉心指导。他们对我的研究工作的大力支持让我感激不尽。从他们身上，我看到了孜孜不倦、追求真知的探索精神，感受到了与时俱进、大胆创新的正能量，与他们一起工作、学习是我此生的荣幸。

最后，感谢所有支持我、关心我、鼓励我的亲人和好友。

书中引用了大量的文献，对这些文献的作者表示感谢！

由于本人水平有限，书中定有缺陷或疏漏之处，敬请读者批评指正。

张　妍
2019年10月